cré-Cœur

NTMARTRE Gare du Nord

La Villette

Gare de l'Est

Parc des
Buttes-Chaumont

Canal St-Martin

Place de la République

e du
re
Forum
des Halles

Centre
Georges Pompidou

Cimetière du
Père-Lachaise

Notre-Dame

QUARTIER
DU MARAIS

le de la Cité

les-Prés

Bd. St-Germain Ile St-Louis Bd. Henri IV
Sorbonne
Opéra
Bastille

Bd. Diderot
Place de la Nation

g
Institut du
Monde Arabe Gare de Lyon
Panthéon Jardin des Plantes Ministère des Finances
QUARTIER LATIN

Montparnasse
Gare
d'Austerlitz
Palais Omnisport
de Paris-Bercy

Place d'Italie

Bois de Vincennes

Bibliothèque Nationale
Parc Montsouris

Seine

aire

RAQUETTE

Nobuaki KOREMURA

SURUGADAI-SHUPPANSHA

Illustration: 小澤 柚花
Design: dice

はじめに
— Raquette を使ってフランス語を学習される皆さんへ

　外国語の学習では，「読む，書く，聞く，やり取りする(話す)」という能力をバランスよく身につけることが大事であると言われています。皆さんにはここで，フランス語を用いて「自分のこと語る」という明確な意思を持っていただきたいと思います。

　この教科書は，5 つの unité からなる 24 課 で構成されています。unité の扉には，各課における小さな達成目標を掲載しました。それぞれの項目について，「できること」「できないこと」を客観的に評価し，学習の進み具合をこまめにチェックするようにしてください。各項目について，例文を用いて簡略に説明できるようにしてください。

　各課には，多彩な練習問題が用意されています。付属の CD を用いたり，グループ学習などによって素早く反応できるようにし，フランス語の運用が無意識化されるまで練習してください。

　外国語を勉強するにあたって，単語や表現，文法事項の暗記は避けて通れません。それぞれの課には，主題に関連した言葉や言い回しが集められています。また，一部で主題にまつわるイラストを載せています。皆さんには，これらを利用して，自分独自の単語帳を作り，工夫して覚える努力をしていただきたいと思います。特に動詞活用の暗記は，フランス語の自在な運用になくてはならないものです。各課では，動詞の特徴に合わせて，毎回いくつかの活用を暗記するようにしています。しっかり暗記し，語彙力を増やせば，皆さんの表現力は飛躍的に増すことでしょう。

　この教科書では，それぞれの課で身に付けた 1 つ 1 つの表現を集め，各 unité の終わりで，まとまった表現ができるようにしてあります。外国語を用いて自分のことを表現するのは決して楽なことではありません。しかし，そのような努力をする時，かえって自分自身の事や自分の国の言葉を意識し，また，フランス文化という異質な世界の奥深さを感じるものです。言葉の勉強は未知の世界への冒険です。

　この教科書が，皆さんがフランス語というボールを用いて，「自らを発信する」ゲームを楽しむためのラケット (Raquette) となることを願って

います。

　末筆ながら，この教科書を執筆するにあたって助力していただいた多くの方々に心から感謝申し上げます。駿河台出版社の井田洋二社長には，筆者がまだ駆け出しの頃，このようなものを書くようお勧めをいただき，励ましていただきました。上野名保子編集長には，出版にあたっての適切なご助言と指示をいただきました。また，デザイナーの上野大介さんは，無秩序な原稿を見事な両開きのデザインにまとめてくださいました。同僚の，野坂マガリ先生，矢田ドミニク先生，ブルー・セシル先生は，フランス語の表記から校正に至るまで多大なお時間をいただき，ご助言をいただきました。深井陽介先生には，文法の表記など様々な相談に乗っていただきました。モーリー・フランソワ氏とブルー・セシル先生は，CDの録音を引きうけてくださいました。学生の小澤柚花さんは，かわいらしいイラストで花を添えてくださいました。これらの方々に改めて厚く御礼申し上げる次第です。

2016年10月

著　者

目次

Unité 1
目標 フランス語の発音と特徴に慣れる。簡単な挨拶や自己紹介，注文をする

Leçon 1　アルファベと簡単な自己紹介 — p.2

表現
簡単な自己紹介の表現
アルファベの暗記
フランス語の音——口腔母音，鼻母音，半母音，特徴的な子音

文法
主語人称代名詞

動詞
être の直説法現在形活用

Leçon 2　不定冠詞の運用「これは何ですか？」 — p.4

表現
フランス語，単語の読み方，つづりと音——単母音つづりの a, e, i, o, u, y
「これは何ですか？　– Qu'est-ce que c'est ?」
「これは〜です。　　– C'est un (une) 〜 .」
数の暗記，1〜20

文法
不定冠詞 un, une, des
名詞の性と複数形

動詞
第一群規則動詞の直説法現在形活用

Leçon 3　簡単な注文をする — p.6

表現
フランス語，単語の読み方，つづりと音——複母音つづり
「〜をお願いします。　　　　　– s'il vous plaît.」
「はい，ここに〜があります。– Voici (Voilà).」
「〜があります。　　　　　　　– Il y a〜 .」
数 1〜20 まで，後ろに母音で始まる名詞を置いて数える場合

文法
定冠詞 le (l'), la (l'), les
否定文の作り方
前置詞 à, dans, sur, sous

動詞
avoir の直説法現在形活用

Leçon 4　挨拶 — p.8

表現
フランス語，単語の読み方，つづりと音——鼻母音するつづりとしないつづり
挨拶の表現——Bonjour. Comment allez-vous ? など
「朝ごはんに何を食べますか？　– Qu'est-ce que tu prends au petit déjeuner ?」
「夕飯に何を食べたいですか？　– Qu'est-ce que tu veux pour dîner ?」
数 1〜10，数形容詞の場合

文法
部分冠詞

動詞
aller と prendre の直説法現在形活用

Leçon 5　自分のことを表現する — p.10

表現
フランス語，単語の読み方，つづりと音——子音字の読み方
場所，方向の前置詞 à, en, chez
自分の趣味や勉強，身の回りのことを言う
数 1〜20 聞き取り

文法
定冠詞の縮約形

動詞
finir と faire の直説法現在形活用

Unité 1 補遺

リエゾン，アンシェヌマン，エリジョン／記号について／鼻母音の詳細／文法の言葉──主語，動詞，補語／ p.11 exercices 4 のための補足

Unité 2　目標 質問をする，質問に応答する

Leçon 6　質問をする ─────────── p.16

表現
「兄弟・姉妹はいますか？ – Tu as des frères ? Tu as des sœurs ?」
数字 20～29 の暗記

文法
形容詞の性数一致と位置
Oui, Non で答える 疑問文
否定文における不定冠詞と部分冠詞の変形

動詞
manger, commencer, envoyer の直説法現在形活用

Leçon 7　質問と答え方のバリエーション ─────────── p.18

表現
Oui, Non で答える疑問文のバリエーション
「私も同じです。-Moi aussi. と Moi, non plus.」
親族に関する単語
数字 30～49 の暗記

文法
所有形容詞
指示形容詞
強勢形人称代名詞

動詞
lever, appeler, offrir, ouvrir の直説法現在形活用

Leçon 8　インタビューと他者紹介 ─────────── p.20

表現
いろいろな疑問文を使ってインタビューをする
数字 50～69 の暗記

文法
代名動詞
否定疑問文とその答え方
疑問副詞 où と quand による疑問文

動詞
代名動詞 se lever と s'appeler の直説法現在形活用

Leçon 9　第三者について質問する ─────────── p.22

表現
人について尋ねる
人について簡単な描写をする
数字 70～89 の暗記

文法
特殊な女性形，複数形を持つ名詞
特殊な女性形，複数形を持つ形容詞，位置によって意味の異なる形容詞
不定冠詞 des の変形
形容詞，副詞の比較級

動詞
courir, rire, rendre, descendre の直説法現在形活用

Leçon 10　人を紹介する　——————————————— p.24

表現	人を紹介する 数字 90 ～ 100 の暗記
文法	形容詞，副詞の最上級 独自の比較級を持つ形容詞，副詞 目的語人称代名詞（直接目的補語と間接目的補語）
動詞	conduire, lire, plaire, écrire, dire の直説法現在形活用

Unité 3　目標　日常生活でよく使う表現を身に付ける

Leçon 11　時候に関する質問と答え　——————————— p.28

表現	Quel を使った様々な表現，天候，時間，日にちを聞く表現 un peu de と quelques
文法	疑問形容詞 quel 感嘆文 不定代名詞 on の用法
動詞	sentir, partir, suivre, vivre, mettre の直説法現在形活用

Leçon 12　買い物をする　————————————————— p.30

表現	買い物に必要な表現
文法	命令法 様々な否定文 ne ～ que
動詞	craindre, connaître, naître, boire, croire の直説法現在形活用

Leçon 13　町に関する会話　———————————————— p.32

表現	町の中の単語 道を尋ねる
文法	中性代名詞 en, y, le の用法 序数詞・概数名詞
動詞	falloir, pleuvoir, savoir, s'asseoire の直説法現在形活用

Leçon 14　衣類に関する会話　——————————————— p.34

表現	服を買う，服装に関する表現
文法	指示代名詞 ce, ceci. cela, ça 指示代名詞 celui 疑問代名詞 lequel
動詞	pouvoir, vouloir, mourir の直説法現在形活用

Leçon 15 身体に関する会話 — p.36

表現	身体に関する単語 医者に診てもらう
文法	冠詞のまとめ 疑問代名詞
動詞	venir, tenir, devoir, recevoir, voir の直説法現在形活用

Unité 4　目標 過去のことを言う

Leçon 16 近接過去で表現する・過去の情景描写 — p.40

表現	電話での基本的受け答え 過去の情景描写
文法	近接過去 関係代名詞 qui, que, dont, où 強調構文 直説法半過去
動詞	aimer, finir, avoir, être, aller, faire の直説法半過去形活用，現在分詞，過去分詞の暗記

Leçon 17 複合過去形で語る — p.42

表現	直説法複合過去形を運用する訓練 直説法複合過去形を用いて，ごく簡単な表現で自分の行った行動を言う
文法	直説法複合過去
動詞	manger, commencer, envoyer, lever, appeler, ouvrir, offrir の直説法半過去形活用，現在分詞，過去分詞の暗記

Leçon 18 自分の一日を語る — p.44

表現	直説法複合過去形の基本的表現で，週末にしたことを語る・書く。 直説法複合過去形の簡単な表現で，日常生活における自分の一日を語る・書く。 人の行動を表す言葉
文法	直説法複合過去形における，助動詞の選択の注意 直説法複合過去形における，過去分詞の性数一致に関する注意
動詞	courir, rire, rendre, descendre, conduire, lire, plaire, écrire, dire の直説法半過去形活用，現在分詞，過去分詞の暗記

Leçon 19 複合過去と半過去，大過去の使用 — p.46

表現	手紙を書く
文法	直説法複合過去と半過去のニュアンス 直説法大過去の用法 目的語人称代名詞，中性代名詞の語順
動詞	sentir, partir, suivre, vivre, mettre, craindre, connaître, naître, boire, croire, prendre, falloir, pleuvoir, savoir, s'asseoire の直説法半過去形活用，現在分詞，過去分詞の暗記

Leçon 20	ジェロンディフの用法	p.48

表現	身近な人の日常生活について描写する 話の内容を要約する
文法	現在分詞とジェロンディフ 受動態 受け身的表現
動詞	pouvoir, vouloir, mourir, venir, tenir, devoir, recevoir, voir の直説法半過去形活用，現在分詞，過去分詞の暗記

Unité 5　目標 未来のことを言う・条件法・接続法・関係代名詞

Leçon 21	未来のことについて簡単に述べる・条件法現在形の文を理解する	p.52

表現	未来の表現運用練習 条件法現在形運用練習
文法	直説法現在形による未来の表現 「aller＋不定詞」による，近接未来の表現 直説法単純未来 条件法現在
動詞	aimer, finir, avoir, être, aller, faire の直説法単純未来形活用と条件法現在形活用の暗記

Leçon 22	予約する。列車に乗る。	p.54

表現	列車，ホテルの予約をする。 フランス語を聴き，その内容に関する質問に答える。 交通機関に関する情報を理解する。 理解したことをフランス語で説明する。
文法	直説法前未来
動詞	manger, commencer, envoyer, lever, appeler, ouvrir, offrir, courir, rire, rendre, descendre, conduire, lire, plaire, écrire, dire, sentir, partir, suivre, vivre, mettre, craindre, connaître, naître, boire, croire, prendre の直説法単純未来形活用と条件法現在形活用の暗記

Leçon 23	意見を言う	p.56

表現	意見を言う 同意する 申し出を断る
文法	条件法過去 接続詞 Si 所有代名詞
動詞	falloir, pleuvoir, savoir, s'asseoir, pouvoir, vouloir, mourir, venir, tenir, devoir, recevoir, voir の直説法単純未来形活用と条件法現在形活用の暗記

| Leçon 24 | 接続法の表現，時制の一致 | p.58 |

表現	まとまった内容と量のメッセージをつたえる まとまった内容と量のメッセージを理解する
文法	接続法現在 間接疑問文 間接話法
動詞	aimer, finir, avoir, être, aller, faire, boire, croire, prendre, falloir, pleuvoir, savoir, s'asseoir, pouvoir, vouloir, mourir, venir, tenir, devoir, recevoir, voir の接続法現在形活用の暗記

CD 聞き取り教材 ——— p.60

動詞の課題 ——— p.65

Unité 1　フランス語に慣れる。簡単な挨拶や自己紹介，注文をする

Leçon 1 の目標

1 簡単な自己紹介ができるようにしましょう。☐　**2** アルファベを暗記しましょう。☐　**3** フランス語独特の音を発音してみましょう。☐　**4** 主語人称代名詞を覚えましょう。☐　**5** 動詞 être の直説法現在形活用を覚えましょう。☐　**6** 簡単な自己紹介の文を書けるようにしましょう。☐

Leçon 2 の目標

1 単語の読み方の大きな特徴を理解しましょう。☐　**2** a, e, i, o, u, y の読み方を理解し，その綴りが現れる簡単な単語の音を予測できるようにしましょう。☐　**3**「これは何ですか。」という質問に対し，ごく簡単な身の回り品の単語を，冠詞をつけて言い，書くことができるようにしましょう。☐　**4** 名詞の複数形の基本的な作り方を理解しましょう。☐　**5** 不定冠詞を覚えましょう。☐　**6** -er動詞の直説法現在形活用を覚えましょう。☐　**7** 数字を1から20まで言えるようにしましょう。☐

Leçon 3 の目標

1 複数の母音字がつづられた場合の音を予測できるようにしましょう。☐　**2** ごく簡単な注文ができるようにしましょう。☐　**3** 動詞 avoir の直説法現在形活用を覚えましょう。☐　**4** 年齢を尋ねたり，答えることができるようにしましょう。☐　**5** 定冠詞を覚えましょう。☐　**6** 家に関する基本的な単語を書けるようにしましょう。☐　**7** 否定文の作り方を知り，運用できるようにしましょう。☐　**8** 自分の好き嫌いなどについて表現し，書くことができるようにしましょう。☐　**9** 数について，母音で始まる単語の前でリエゾンが起きてもわかるようにしましょう。☐

Leçon 4 の目標

1 鼻母音のつづり，鼻母音ではないつづりを見分けることができるようにしましょう。☐　**2** 動詞 aller と prendre の直説法現在形活用を覚えましょう。☐　**3** 出会った時の挨拶，別れる時の挨拶をすることができるようにしましょう。☐　**4** 部分冠詞の使い方を覚えましょう。☐　**5** 何を食べるか，食べたいのか表現できるようにしましょう。☐　**6** 挨拶の表現を書くことができるようにしましょう。☐　**7** 食品などの単語を書くことができるようにしましょう。☐　**8** 数の言い方の注意点を理解しましょう。☐

Leçon 5 の目標

1 子音と音の関係について理解しましょう。☐　**2** 第二群規則動詞の直説法現在形活用を覚えましょう。☐　**3** 動詞 faire の直説法現在形活用を覚えましょう。☐　**4** 冠詞の縮約形を理解しましょう。☐　**5** 場所・方向を表す前置詞 à, en, y を覚えましょう。☐　**6** 趣味や学んでいることなど，自分に関する事柄を表現できるようにしましょう。☐　**7** 自分に関する文章を書くことができるようにしましょう。☐　**8** 20までの数字を言われて即座に理解することができるようにしましょう。☐

Leçon 1

1 フランス語で簡単な自己紹介をしましょう。

> Nicolas : **Bonjour. Je m'appelle** Nicolas.
> Nicole : **Je m'appelle** Nicole.
> Nicolas : **Enchanté**.
> Nicole : **Enchantée**.

2 フランス語のＡＢＣ（アルファベ）

> A a B b C c D d E e F f G g
> H h I i J j K k
> L l M m N n O o P p
> Q q R r S s T t U u V v W w
> X x Y y Z z

♪ a b c d e f g   h i j k l m n o p   q r s t u v w   q r s t u v w
x y z   Quel bonheur !   Je connais l'alphabet par cœur.

EXERCICE ❶ 下の例に倣って，自分の名前をアルファベで言ってみましょう。

Bonjour.　Je m'appelle Nicolas Durand.
Nicolas, c'est N-i-c-o-l-a-s.　Durand, c'est D-u-r-a-n-d.

3 つづり字記号

フランス語の単語はアルファベの文字の他に次のような記号が用いられます。
　´（アクサン・テギュ）é　　｀（アクサン・グラーヴ）à è ù　　＾（アクサン・シルコンフレックス）â ê î ô û
　¨（トレマ）ë ï ü　　　ç（セディーユ）

4 フランス語の音

① 口腔母音

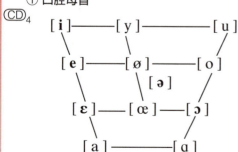
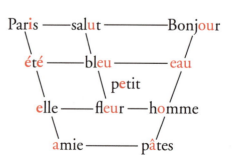

CD 5　② 鼻母音

　　[œ̃]　　　　[ɔ̃]　　　　[ɛ̃]　　　　[ɑ̃]
　　un　　　　　bon　　　　vin　　　　blanc

③ 半母音

　　[j]　　　　[ɥ]　　　　[w]
　　piano　　　cuisine　　　oui

④ 子音

　　[p] [t] [k] [f] [s] [ʃ]　　[m] [n] [ɲ] [l] [r]
　　[b] [d] [g] [v] [z] [ʒ]

EXERCICE ②　下の単語を発音してみましょう。□ [b] と [v] の区別は特に注意しましょう。

1) bien — viens　　2) bain — vin　　3) base — vase　　4) livre — libre　　5) voir — boire

EXERCICE ③　下の言葉を発音してみましょう。□ [r] の発声に慣れるようにしましょう。

1) Bonjour　merci　au revoir　　2) parapluie　arbre　mercredi　　3) une crème brûlée

5　単語のアクセント

すべて単語末の音節をやや長めに読むのみです。

impossible　intelligent　conversation　important　confortable

6　主語人称代名詞 (pronoms personnels nominatifs) と動詞 être の直説法現在形活用

CD 6

	単数		複数	
一人称	私は〜です	Je suis	私達は〜です	Nous sommes
二人称	君は〜です	Tu es	あなた達は〜です	Vous êtes
三人称	彼は〜です	Il est	彼らは〜です	Ils sont
	彼女は〜です	Elle	彼女らは〜です	Elles

□ Tu は**親称**（親しい相手にのみ使用）。丁寧な言い方は，相手が一人でも vous を使います。

動詞 être を用いた表現

Je suis étudiant(e).　　□ 職業・身分・国籍・宗教などを être で表現する時は，**無冠詞**。
Je suis japonais(e).　　□ étudiant, japonais は男性。語末に e を加えると女性になります。
Je suis de Paris.　　　□ 国籍は小文字で書くのが普通です。

EXERCICE ④　身分，国籍，出身地のことも加えて，自己紹介してみましょう。

国籍の例：chinois — chinoise　　coréen — coréenne　　anglais — anglaise
　　　　　français — française

Leçon 2

1 フランス語の音とつづりの大まかな特徴

1) フランス語では，つづりと音の関係がほぼ決まっています。
2) 最も特徴的なつづりの読み方は下の通りです。
   ① Un chocolat, s'il vous plaît.   → 単語末の子音字は読まないことが多い。
   ② homme   hôpital   hôtel   → h は発音しない。
3) 母音は a e i o u y の 6 文字で表記されます。

2 a, i, o, u, y の発音

sac   table   stylo   gomme   cahier

a は [a][ɑ]，i と y は [i]，o は [o][ɔ]，u は [y] の音になります。

3 名詞 (nom) の性と不定冠詞 (article indéfini)

フランス語の名詞には，性 (genre) があり，男性名詞 (nom masculin) と女性名詞 (nom féminin) に分かれます。冠詞もそれに応じたものを用います。男性単数形の不定冠詞は un，女性単数形の不定冠詞は une です。

EXERCICE ① 不定冠詞を記入し，読んでみましょう。

1) _____ sac à dos   2) _____ table   3) _____ stylo   4) _____ gomme   5) _____ cahier
6) _____ livre   7) _____ papier   8) _____ cravate   9) _____ pantalon   10) _____ jupe

4 基本表現 「これは何ですか。」「これは〜です。」

– Qu'est-ce que c'est ?   – C'est un stylo.

EXERCICE ② 上の例文に倣って，exercice 1 の単語の品物を示し，友達に聞いたり答えたりしてみましょう。

5 e の発音

e の読み方は下の 3 通りの可能性があります。読み方の目安は以下のとおりです。

1) [ə]   … □ 通常の読み方。   menu
2) [無音] … □ 単語末の e は原則として読まない。 table
           □ ただし，le, je, me, se, de などの二文字の単語は [ə] と発音する。
3) [e][ɛ] … □ ① é è ê など。   père, mère, étudiant
           □ ② e +子音で終わる単語。   chef, avec, mer, hôtel
           □ ③ e + 2 子音の場合の多く。   lettre, omelette

EXERCICE ③ 下の単語に単数不定冠詞を付けて読んでみましょう。

1) _____ melon   2) _____ cerise   3) _____ pomme de terre   4) _____ crêpe   5) _____ escargot

EXERCICE 4 下の単語を母音の発音に気をつけながら読んでみましょう。

1) am**i**, am**i**e, p**y**ram**i**de
2) t**o**mate, c**a**r**o**tte, fr**o**m**a**ge
3) c**a**mp**u**s, fac**u**lt**é**, **u**niversit**é**
4) lib**er**t**é**, **é**galit**é**, fr**a**t**er**nit**é**

6 名詞の複数形 (pluriel) と不定冠詞

名詞の複数形は，通常，単語末に s を付けます。ただしこの s は発音しません。不定冠詞は，男性名詞，女性名詞とも複数形 des の形になります。

EXERCICE 5 exercice 1 と exercice 3 の単語を複数形にし，複数不定冠詞を付けて読んでみましょう。

□ 母音で始まる単語では，連音 (liaison) が起きます。　　　　　*連音 (liaison) → p. 12

7 動詞 (verbe) の活用 (conjugaison)

1) 動詞は，主語の人称・数に応じて語尾変化を起こします。
2) 動詞は次のように構成されています。

　　動詞の原形（不定詞）: aimer → aim + er
　　　　　　　　　　　　　　　　　語幹 ＋活用語尾

8 第一群規則動詞 [-er 動詞] の直説法現在形 (présent de l'indicatif) 活用

― aimer の活用 ―

J' aim**e**	Nous aim**ons**
Tu aim**es**	Vous aim**ez**
Il / Elle aim**e**	Ils / Elles aim**ent**

― chanter の活用 ―

Je chant**e**	Nous chant**ons**
Tu chant**es**	Vous chant**ez**
Il / Elle chant**e**	Ils / Elles chant**ent**

EXERCICE 6 次の動詞の意味を調べ，直説法現在形で活用させてみましょう。

1) habiter　2) parler　3) étudier　4) donner　5) travailler

EXERCICE 7 下の例文を参考にして，自分の住んでいるところを加えて自己紹介してください。

J'habite à Paris depuis un mois.　　J'habite à Paris depuis un an.

9 数字の課題 1　数詞 1〜20 を暗記しましょう。

1. un, une　2. deux　3. trois　4. quatre　5. cinq　6. six　7. sept
8. huit　9. neuf　10. dix　11. onze　12. douze　13. treize　14. quatorze
15. quinze　16. seize　17. dix-sept　18. dix-huit　19. dix-neuf　20. vingt

Leçon 3

1 母音を表す文字が二つ以上連続してつづられる場合の音

CD 13 ① 一つの音になるつづり

ai, ei	[ɛ]	maison	neige
au, eau	[o] [ɔ]	gâteau eau	auto
ou	[u]	Bonjour	
eu, œu	[ø] [œ]	bleu feu	sœur

② 半母音化するつづり

i＋母音：[j] piano　　u＋母音：[ɥ] cuisine　　ou＋母音：[w] oui
oi：[wa] bonsoir　　ay：[ɛj] crayon　　oy：[waj] voyage

EXERCICE ① 次のフランス語を読んでみましょう。

1) un croissant　　2) une brioche　　3) une madeleine　　4) un gâteau au chocolat
5) un chou à la crème　　6) une tarte aux fraises　　7) des biscuits au beurre
8) un sandwich au bœuf　　9) un sandwich au saucisson　　10) une quiche lorraine

2 基本表現 「～をお願いします。」「はい，～です。」

CD 14 — Un croissant, s'il vous plaît.　　— Voilà.

EXERCICE ② 上の例文に倣って注文のやりとりをしてみましょう。

EXERCICE ③ 下の例に倣って，exercice 1 の食べ物と，下の飲み物を注文する会話をしてください。

例　— Un croissant et un thé, s'il vous plaît.
　　— Un croissant et un thé ?　Voici, monsieur.

1) un café au lait　　　　　　2) un jus de fruit / un jus d'orange
3) une bière　　　　　　　　4) une menthe à l'eau

□ voilà は，「そこに～がある」，voici は，「ここに～がある」という意味があります。

3 不規則動詞 avoir の直説法現在形活用

CD 15

avoir			
J'	ai	Nous	avons
Tu	as	Vous	avez
Il	a	Ils	ont
Elle		Elles	

動詞 avoir を用いた表現

例 1) J'ai un frère et une sœur.
例 2) Quel âge avez-vous ?
　　　— J'ai 18 ans.
　　　— Moi aussi, j'ai 18 ans.

EXERCICE ④ 兄弟，姉妹のいる人は，例 1) に倣って自分の表現をしてみましょう。

EXERCICE ⑤ 例 2) に倣って，年齢を聞いてみましょう。

4 定冠詞 (article défini)

フランス語の定冠詞は，**男性単数形 le**，**女性単数形 la**，**男性女性複数形 les** となっています。また，母音字の前で le と la は，**l'**（エリジオン）になります。

EXERCICE 6 次の単語に定冠詞を付けて読んでみましょう。

1) ____ Japon 2) ____ France 3) ____ Angleterre 4) ____ Chine 5) ____ États-Unis
6) ____ sport 7) ____ fleurs 8) ____ livres 9) ____ arbre 10) ____ voiture

5 基本表現　il y a 「〜があります・います」および空間の前置詞

場所を表す基本的な前置詞　　**à　　dans　　sur　　sous**

EXERCICE 7 名詞の性・数，母音で始まるか否かに注意して，（ ）内に不定冠詞，___ に定冠詞を入れてください。前置詞の意味に注意して訳してみましょう。

Voici ( ) maison. Il y a ( ) fenêtres et ( ) portes. Il y a ( ) jardin **à** côté de ____ maison. **Dans** ____ maison, il y a ( ) chambre, ( ) cuisine, ( ) salon, ( ) salle de bain et ( ) toilettes. Dans ____ chambre, il y a ( ) table, ( ) chaise et ( ) lit. Il y a ( ) vase **sur** ____ table. Il y a ( ) chat **sous** ____ escalier. Il y a ( ) tableau **sur** ____ mur.

6 否定文

否定文は，**ne** ＋動詞＋ **pas** の形になります。ne は母音で始まる言葉の前では，n' の形になります。

例 1) Je parle japonais.　Je parle un peu anglais et français.
　　　Mais, je ne parle pas espagnol.
例 2) J'aime le cinéma.　J'aime chanter.
　　　Mais, je n'aime pas danser.　Je n'aime pas lire non plus.

EXERCICE 8 例 1) に倣い，下の言語が話せるか，話せないか，自分の立場で表現してください。

1) chinois 2) coréen 3) arabe 4) italien 5) russe 6) allemand

EXERCICE 9 例 2) に倣い，下の物や事柄が好きか嫌いか，自分の立場で表現してください。

1) sport 2) musique 3) chats 4) chiens 5) dessins animés 6) bavarder
7) faire la cuisine 8) faire des achats 9) nager 10) voyager

7 数字の課題

1 から 20 までの数字を使って euro を数えてみましょう。

　　un euro,　deux euros,　trois euros ……………… vingt euros.

□ 9 は，**9 ans**（9 歳　9 年），**9 heures**（9 時）の時リエゾンして [nœv] と発音されます。

Leçon 4

1 鼻母音のつづり

1) 母音 ＋ m あるいは n の時，鼻母音になります。
2) 母音 ＋ |m あるいは mm|＋母音 の構成では，鼻母音になりません。
　　　　　|n あるいは nn|

EXERCICE 1 次の単語を読んでみましょう。CD 18

1) étudiant　2) étudiante　3) français　4) française　5) oncle　6) tante　7) parents　8) pain

EXERCICE 2 鼻母音になるか，ならないかを判断し，次の対になっている単語を読んでみましょう。CD 19

1) cousin / cousine　　2) copain / copine　　3) américain / américaine　　4) bon / bonne

2 不規則動詞 aller の直説法現在形活用

CD 20

aller

Je	vais	Nous	allons
Tu	vas	Vous	allez
Il		Ils	
Elle	va	Elles	vont

動詞 aller を用いた表現

Je vais à Paris.
Tout va bien.
Ça te va ?

EXERCICE 3 自分の行ってみたいフランスの街を想定し，例に倣って言ってみましょう。

例　Je vais à Dijon.

3 挨拶の表現

CD 21

1) 丁寧な，出会いの挨拶

　– Bonjour Monsieur (Madame / Mademoiselle).　Comment allez-vous ?
　– Je vais très bien, merci.　Et vous ?
　– Moi aussi, très bien, merci.

2) 身近な人（相手は１人）に対する出会いの挨拶

　– Bonjour.　Comment vas-tu ?　　　– Très bien, et toi ?
　– Moi aussi, très bien.
　– Salut.　Ça va ?　　　　　　　　– Ça va. Et toi ?
　– Ça va.

3) 別れの挨拶

　– Au revoir. Bonne journée (soirée).　– Vous aussi. Au revoir.　À demain.
　　Salut.　À bientôt.
　　À tout à l'heure.

EXERCICE 4 挨拶の会話を実際の状況に合わせてやってみましょう。

4 部分冠詞 (article partitif)

フランス語の冠詞は，定冠詞，不定冠詞のほかに，物質名詞や抽象名詞など数えられないものの量を表す**部分冠詞**があります。男性名詞には **du**，女性名詞には **de la** が用いられ，母音や無音のhで始まる単語の前では，**de l'** の形が用いられます。

EXERCICE 5 次の単語に部分冠詞をつけて読んでみましょう。

1) ＿＿ café   2) ＿＿ lait   3) ＿＿ sel   4) ＿＿ sucre
5) ＿＿ potage   6) ＿＿ poisson   7) ＿＿ soupe   8) ＿＿ salade
9) ＿＿ huile   10) ＿＿ farine   11) ＿＿ viande   12) ＿＿ eau
13) ＿＿ argent   14) ＿＿ courage   15) ＿＿ chance   16) ＿＿ patience

5 動詞 prendre 直説法現在形活用

prendre

Je	**prends**	Nous	**prenons**
Tu	**prends**	Vous	**prenez**
Il / Elle	**prend**	Ils / Elles	**prennent**

EXERCICE 6 例に倣って，普段朝食で何を食べるか質疑応答してみましょう。

例 – **Qu'est-ce que** tu prends **au** petit déjeuner ?
A – Normalement, je prends du riz, du poisson séché, un œuf et de la soupe miso.
B – Je prends **toujours** du pain avec du beurre et de la confiture et un café.

EXERCICE 7 例に倣って昼食と夕食についても，何が食べたいか会話してください。

例 – **Qu'est-ce que** tu **veux pour** déjeuner ?
– Je **voudrais** manger des pâtes.
– **Qu'est-ce que** tu **veux pour** dîner ?
– Je **voudrais** manger de la viande.

□ veux も voudrais も vouloir という動詞が変化したものです。

6 数字の課題

EXERCICE 8 CDを聞いてください。リンゴ (pomme) の数を数えています。単独で言った場合と比べて音が変わる数があれば○をしてください。

1.   2.   3.   4.   5.   6.   7.   8.   9.   10.

Leçon 5

1 子音字の読み方

1) 単語末の子音字は読まないことが多い。 étudian**t** lon**g** ju**s** frui**t**
   - ただし c, f, l, r で終わる単語は読むことが多い。 ave**c** che**f** anima**l** au revoi**r**
2) h は文法上、無音の h と有音の h に分かれます。
   l'**h**omme（無音 h） le **h**éros（有音 h）
3) 母音 + il、あるいは ille は、半母音化 [j] することが多い。
   trav**ail** f**ille** fam**ille** — [il] とそのまま読む単語もある。v**il**le avr**il**
4) c の読み方　c + a, o, u = [k]　　**ca**fé　**co**mme　**cu**isine
   　　　　　　c + e, i = [s]　　　o**cé**an　i**ci**
   　　　　　　ç + a, o, u = [s]　　gar**ço**n　fran**ça**is
   　　　　　　ch = [ʃ]　　　　　　**ch**at
5) g の読み方　g + a, o, u = [g]　　**ga**rçon
   　　　　　　g + e, i = [ʒ]　　　nei**ge**　rou**ge**
   　　　　　　gu + e, i = [g]　　　**gui**de
   　　　　　　gn [ɲ]　　　　　　monta**gn**e
6) 母音 + s + 母音 [z] と 母音 + ss + 母音 [s]
   　　　　　　　　　　　　　　　poi**s**on　poi**ss**on　dé**s**ert　de**ss**ert
7) qu の読み方　qu [k]　　　**qu**i　**qu**e　**qu**oi　**qu**artier

EXERCICE 1　次の単語や文章を読んでみましょう。

1) un millefeu**ille**　2) un va**s**e　3) une ta**ss**e de thé　4) une bout**eille** de co**gn**ac
5) Il y a l'**h**ôtel de ville dans le **qu**artier.

2 第二群規則動詞（-ir 動詞）finir の直説法現在形活用

— finir —

Je fini**s**	Nous fini**ssons**
Tu fini**s**	Vous fini**ssez**
Il / Elle fini**t**	Ils / Elles fini**ssent**

第二群規則動詞の仲間
choisir　obéir　agir　fleurir
grandir　réussir　saisir　unir

動詞 finir を用いた表現
Le cours finit à 5 heures.

3 不規則動詞 faire の直説法現在形活用

— faire —

Je fai**s**	Nous fai**sons**
Tu fai**s**	Vous fai**tes**
Il / Elle fai**t**	Ils / Elles **font**

動詞 faire を用いた表現
J'aime faire la cuisine.
Je fais un gâteau.
Je fais du sport (du ski / du judo).

4 定冠詞の縮約形

前置詞 à と de の後ろに定冠詞 le les が来る時、縮約を起こします。

à + le → **au** (à l')	un café **au** lait,　à l'hôtel
à la (à l')	à la carte,　à la mode,　à l'école
à + les → **aux**	un gâteau **aux** fraises

> de + le → du (de l')
> de la (de l')
> de + les → des

l'entrée **du** magasin,   la sortie **de** l'hôtel
la porte de la maison,   la salle de l'école
la liste **des** étudiants

EXERCICE 2 次の仏文の（　）内より適切な語を選び，○をしてください。

1) J'aime le sport.   Je joue (1. à la   2. au   3. à l') football.
2) J'aime la mer.   J'aime faire (1. du   2. de la   3. de l') planche à voile.
3) J'aime jouer (1. à la   2. au   3. aux) jeux vidéos.
4) J'aime la musique.   Je joue (1. du   2. de la   3. de l') piano.

EXERCICE 3 exercice 2 の例文に倣って，自分のやっているスポーツや楽器のことを表現してください。

le tennis	le base-ball	le basket-ball	le ping-pong	le badminton
le surf	le ski	le vélo	le judo	le violon
la flûte	la flûte à bec	la clarinette	le saxophone	la batterie

5 場所・方向を示す前置詞　à, en, chez

1) à, en は，国について言う場合，次のような使い分けをします。

Il va **au**   Japon.   (Canada / Viêt-nam / Congo)   □ **en** Iraq
     en   France.   (Angleterre / Espagne / Allemagne / Italie / Chine)
     aux États-Unis.   (Pays-Bas)

2) chez の後ろは必ず人を表す言葉が置かれ「〜の家で，家へ」の意味になります。

Je rentre chez moi.   Je passe chez Monsieur Durand.

EXERCICE 4 下の例を参考に，今まで学んだフランス語の表現を用いて，自分について語ってください。

Je m'appelle Guillaume Chausson. J'ai 20 ans. Je suis étudiant en technologie à l'Université de Bourgogne. J'habite à Dijon depuis deux ans. J'ai douze cours par semaine. Les cours finissent à cinq heures.

Après le cours, je vais au café Chez Paul. Je prends un café au lait. J'aime beaucoup le café au lait. Je rentre chez moi vers sept heures. Je dîne vers huit heures. Ensuite, je travaille. Je me couche à une heure du matin.

Je suis de Beaune. Alors, le week-end, de temps en temps, je rentre chez mes parents à Beaune. J'ai un frère. Il s'appelle Paul. Près de chez mes parents, il y a un parc. J'aime le sport. J'aime faire du jogging dans le parc.

6 数字の課題

EXERCICE 5 CD を開いてフランス語の中に含まれる数字を算用数字で書いてください。

1)   2)   3)   4)   5)

フランス語・読み方の特徴・補足

1 リエゾン（liaison－連音）

　前後の単語が密接な関係である場合，前の単語が無音の子音字で終わり，続く単語が母音および無音のhで始まる時，無音の子音字を発音し，一つの単語のように読むことがあります。

　　　un‿ami　　les‿amis　　Comment‿allez-vous ?
　　　　　　　　　　Ils‿aiment le sport.

　　注意：主語が代名詞以外である時，また，単数形の名詞とその後に付く形容詞の間，et のような単語の後ろなどでは，リエゾンは行われません。

　　　　　François aime le sport.
　　　　　Un enfant intelligent　　→比較：des enfants intelligents
　　　　　liberté et égalité

2 アンシェヌマン（enchainement－連読）

　前後の単語が密接な関係で，単語末の子音字が読まれ，次に来る単語が母音および無音のhで始まる場合，連読して一つの単語のように読むことがあります。

　　　un⌢ami　　Elle⌢aime le sport.　　Bon⌢anniversaire.

3 エリジオン（élision－母音字省略）

　me, te, le, la, je, se, de, ce, ne, que など特定の短い単語の後ろに，母音および無音のhで始まる単語が来る場合，これらの単語の母音字が省略され，m', t', l', j', s', d', c', n', qu' と表記されます。

　J'aime le sport.　　Je m'appelle ～．　　C'est un crayon.　　Qu'est-ce que c'est ?
　Ce qui n'est pas clair n'est pas français.

　　注意：si は il の前でのみエリジオンします。
　　　　　Un café, s'il vous plaît.　　→比較：Si un jour....

4 記号について

① ´ (accent aigu) は é のみに使用します。鋭い (aigu) [e] の発音にします。
② ` (accent grave) è は [ɛ] の音にします。à, ù は, la, là, ou, où などつづりが同じで意味の異なる単語を識別します。
③ ˆ (accent circonflexe) は grâce, hôtel, dû などのように，長母音を表したり，昔のつづりが変化した単語，あるいは，つづりが同じで意味の異なる単語を識別するために付けます。
④ ¨ (tréma) は Noël, Madame de Staël などのように用いられ，独自の音を出したり発音しなかったりすることを表します。
⑤ ç (cédille) は c の後ろに a, o, u などのつづりが来ても [s] の音になることを示します。

5 文中に用いられる記号

　　. (point)　　　　　　　　, (virgule)　　　　: (deux points)　　　　; (point virgule)
　　? (point d'interrogation)　　! (point d'exclamation)　　　　　　- (tiret)

6 鼻母音の詳細

　　an, am, en, em [ɑ̃]　　　　　　　　　　an, enfant, temps
　　in, im, yn, ym, ain, aim, ein, eim [ɛ̃]　　bien, bain, sympa
　　un, um [œ̃]　　　　　　　　　　　　　un
　　on, om [ɔ̃]　　　　　　　　　　　　　bon, ombre

文法の言葉

フランス語の文章は，主語 (sujet)・動詞 (verbe)・補語 (complément) などで構成されます。平叙文では文型は次のようになります。

Je **suis** **étudiant.**
主語　動詞　属詞
(sujet) (verbe) (attribut)

Je **donne** **un cadeau** **à Paul.**
主語　動詞　　直接目的補語　　　　　　　間接目的補語
(sujet) (verbe) (complément d'objet direct) (complément d'objet indirect)

動詞の動作が前置詞を介することなく直接，目的語に及ぶ場合，その動詞を直接他動詞 (verbe transitif direct) と呼び，前置詞を介して間接的に目的語に動作が及ぶ場合，その動詞を間接他動詞 (verbe transitif indirect) と呼びます。目的語をとらない場合，その動詞を自動詞 (verbe intransitif) と呼びます。

p.11 **EXERCICE ❹** のための補足。勉強している分野，趣味などの言葉

文学 la littérature　　哲学 la philosophie　　歴史学 l'histoire　　社会学 la sociologie
心理学 la psychologie　　考古学 l'archéologie　　ヨーロッパ文明 la civilisation occidentale
法学 le droit　　政治学 la politique　　経営学 la gestion
経済学 les sciences économiques　　国際関係論 les relations internationales
自然環境 les sciences de l'environnement　　音楽 la musicologie　　デザイン le dessin

数学 les mathématiques　　物理学 la physique　　化学 la chimie
応用科学 la chimie appliquée　　工学 la technologie　　機械工学 la mécanique
航空学 l'aéronautique　　土木工学 le génie civil　　建築 l'architecture
生物学 la biologie　　生命化学 la biochimie　　情報科学 l'informatique
医学 la médecine　　海洋学 l'océanographie

フランス語 le français　　英語 l'anglais　　スペイン語 l'espagnol　　ロシア語 le russe
ドイツ語 l'allemand　　中国語 le chinois　　韓国語 le coréen　　日本語 le japonais

le sport (le basket-ball, le base-ball, le football, le rugby, le tennis, le surf des neiges, le ski, la planche à voile, la planche à roulettes)
la musique, le théâtre, le cinéma, la lecture, le shopping

Unité 2　質問をする，質問に応答する

Leçon 6 の目標

1 動詞 manger, commencer, envoyer の直説法現在形活用を覚えましょう。□　**2** 形容詞の性数一致について理解しましょう。□　**3** 形容詞の位置について理解しましょう。□　**4** Oui, Non で答える疑問文の作り方を理解しましょう。□　**5** 否定文の冠詞の変形について理解し，書くことができるようにしましょう。□　**6** 20〜29までの数字を覚えましょう。□

Leçon 7 の目標

1 動詞 lever, appeler, offrir, ouvrir の直説法現在形活用を覚えましょう。□　**2** 所有形容詞を覚えて用法を理解し，書くことができるようにしましょう。□　**3** 指示形容詞を覚えて用法を理解し，書くことができるようにしましょう。□　**4** Oui, Nonで答える疑問文の応用表現を身に付けましょう。□　**5** 強勢形人称代名詞を覚え，用法を理解しましょう。□　**6** moi aussi, moi non plus の使い分けができるようにしましょう。□　**7** 30〜49までの数字を覚えましょう。□

Leçon 8 の目標

1 代名動詞について理解しましょう。□　**2** lever, appeler の代名動詞直説法現在形活用を覚えましょう。□　**3** 否定疑問文とその答え方について理解しましょう。□　**4** 疑問副詞 où と quand による疑問文を理解し，答えられるようにしましょう。□　**5** 友達にインタビューし，紹介できるようにしましょう。□　**6** インタビューに答えられるようにしましょう。□　**7** 友人を紹介する文章を書けるようにしましょう。□　**8** 50〜69までの数を覚えましょう。□

Leçon 9 の目標

1 動詞 courir, rire, rendre, descendre の直説法現在形活用を覚えましょう。□　**2** 名詞や形容詞の性・数，位置について，特殊なものがあることを理解しましょう。□　**3** 冠詞 des の変形する場合を理解しましょう。□　**4** よく使われる形容詞を書くことができるようにしましょう。□　**5** 形容詞，副詞の比較級の作り方を理解しましょう。□　**6** 形容詞とその比較級などを用いて，身近な人について言ったり書いたりできるようにしましょう。□　**7** 70〜89までの数を覚えましょう。□

Leçon 10 の目標

1 動詞 conduire, lire, plaire, écrire, dire の直説法現在形活用を覚えましょう。□　**2** 形容詞，副詞の最上級の作り方を理解しましょう。□　**3** 独自の比較級・最上級を持つ形容詞，副詞を覚え，書くことができるようにしましょう。□　**4** 目的語人称代名詞について理解しましょう。□　**5** 人を紹介するやり取りや文章を自在に書くことができるようにしましょう。□　**6** 90〜100までの数を覚えましょう。□

Leçon 6

1 動詞の課題

manger, commencer, envoyer の直説法現在形活用を暗記しましょう。(Leçon 3 の oy の音，Leçon 5 の g と c の子音の読み方を参照してください。）

2 形容詞 (adjectif) の性数一致

フランス語の形容詞は，形容する名詞の性・数に応じて変化（性数一致）します。女性形の時，音も変化するので注意が必要です。

Le	**petit**	garçon	**blond**	La	**petite**	fille	**blonde**
Les	**petits**	garçons	**blonds**	Les	**petites**	filles	**blondes**

Il	est	**grand.**	Elle	est	**grande.**
Ils	sont	**grands.**	Elles	sont	**grandes.**

EXERCICE 1 次の下線部の形容詞を正しい形にしましょう。

1) une pomme vert   2) une petit amie   3) les grand personnes   4) Ils sont gentil.
5) Elles sont joli.   6) une fille sympathique   7) les poissons rouge   8) de l'eau chaud
9) les équipes bleu   10) la maison blanc

EXERCICE 2 下の例に倣い，A の問いかけに対し，1)〜5) までの形容詞を用いて，B のように答える練習をしましょう。

例：A. Voici un garçon. – B. Il est grand.   A. Voici une fille. – B. Elle est grande.

1) petit   2) intelligent   3) sympathique   4) content   5) gentil (gentille)

3 形容詞の位置

1) 通常，名詞の直後に置きます。色，形の形容詞 (bleu, rouge, jaune, orange, blanc, noir, brun, vert / carré, rond, triangulaire, hexagonal など) は名詞の後ろに置きます。

Un homme **intelligent**,   un chien **méchant**,   un chat **noir**,
une table **ronde**,   le pays **hexagonal**

2) petit, grand, jeune, bon, mauvais, beau, gentil, vieux, ancien など，よく使われる短い形容詞は，名詞の前に置かれます。

Une **jeune** fille,   un **bon** café,   un **mauvais** film

EXERCICE 3 下の単語を正しい語順に並べ替えてください。

1) Il y a une (maison grande).   2) C'est un (intéressant film).
3) Il donne un (livre bon) à un ami.   4) Elle porte une (robe rouge jolie).

EXERCICE 4 信号機の色は何色でしょうか。下線部に当てはまる色の名を書いてください。

1) Stop ! (pour le feu _____)   2) Moins vite ! (pour le feu _____)
3) Ok ! (pour le feu _____)

4 Oui, Non で答える疑問文 1

Oui, Non の答えを求める疑問文は，次の 3 通り作れます。

1) 通常文の語尾を上げて言う。（口語）
2) Est-ce que に通常文を付加する。
3) 主語と動詞を倒置し - (trait d'union) でつなげる。

Vous avez des frères ?
Est-ce que vous avez des frères ?
Avez-vous des frères ?

☐ 1. 人称代名詞三人称単数形 (il, elle) の倒置疑問文で，前の動詞の語尾が母音で終わる場合，母音衝突を避けるため，動詞 -t-il (elle) の形にします。

A-t-il des frères ?   Aime-t-elle le sport ?   比較：Est-elle étudiante ?

☐ 2. 主語が人称代名詞ではない場合の倒置疑問文は，以下のようにします。

Paul a-t-il des frères ?   La table est-elle large ?

5 否定文における不定冠詞と部分冠詞の変形

否定文の直接目的語の不定冠詞と部分冠詞は普通 de に変形します。

Je n'ai pas de frères.

EXERCICE 5 下の文章の冠詞は de に変形すべきでしょうか。理由を考えてみましょう。

1) Je n'aime pas la bière.   2) Ce n'est pas un chat.

EXERCICE 6 下の文章はどのような意味になるでしょうか。

1) Je n'ai pas un ami à Paris.   2) Je n'ai pas un frère, mais trois frères.

un, une を変形させない場合，un, une の強調あるいは数の否定となります。

EXERCICE 7 下の例に倣って兄弟・姉妹がいるかを問う疑問文を 3 通り作り，応答練習してください。兄弟・姉妹がいない場合は，否定文で答えてください。

例：Tu as des frères ?   – Oui, j'ai un grand frère. Il est sportif.
　　Est-ce que tu as des sœurs ? – Oui, j'ai une petite sœur. Elle est jolie.
　　As-tu des frères ?   – Non, je n'ai pas de frères. Mais, j'ai une grande sœur.
                                    Elle est intelligente.

EXERCICE 8 下の単語に関し，持っているかどうかを尋ねる疑問文を作り，応答練習をしてください。どのような冠詞を用いるのか，単数で聞くのか複数で聞くのか考えてみてください。

1) enfant   2) chat   3) chien   4) stylo   5) plan
6) argent   7) temps   8) bicyclette   9) voiture   10) permis de conduire

6 数字の課題 2　数詞 20 〜 29 までを暗記しましょう。

20. vingt	21. vingt-et-un(e)	22. vingt-deux	23. vingt-trois
24. vingt-quatre	25. vingt-cinq	26. vingt-six	27. vingt-sept
28. vingt-huit	29. vingt-neuf		

Leçon 7

1 動詞の課題

lever, appeler, offrir, ouvrir の直説法現在形活用を暗記しましょう。(lever と appeler については，Leçon 2 の e の読み方を参照してください。)

2 所有形容詞 (adjectif possessif)

所有形容詞は，名詞の性・数に応じて使い分けられます。

	男性単数	女性単数	男女複数
私の	mon	ma	mes
君の	ton	ta	tes
彼・彼女の	son	sa	ses
私達の	notre	notre	nos
あなた・あなた達の	votre	votre	vos
彼ら・彼女らの	leur	leur	leurs

注意：母音あるいは無音の h で始まる女性名詞の前で，ma, ta, sa は，母音衝突を避けるため，mon, ton, son を用います。

EXERCICE ① 次の単語に，所有形容詞を付けて言ってみましょう。

1) (　) frère　2) (　) sœur　3) (　) parents　4) (　) amie　5) (　) petite amie
6) (　) oncle　7) (　) tante　8) (　) cousin　9) (　) cousine　10) (　) collègue

□ 所有形容詞は，後ろに来る名詞の性・数によって形が決まります。英語の his, her のような，所有者の性とは無関係です。

EXERCICE ② 次の日本語をフランス語で言ってみましょう。

1) 彼女の兄弟（単数）　2) 彼の妹（単数）　3) 彼の両親　4) 彼の家　5) 彼女のボーイフレンド

3 指示形容詞 (adjectif démonstratif)

指示形容詞（この，これらの）も，名詞の性・数に応じて使い分けられます。

男性単数（男性第二形）	女性単数	男女複数
ce (cet)	cette	ces

男性第二形は，母音および無音の h で始まる男性名詞単数形で，ce との母音衝突を避けるために用いられます。

例　× ce arbre　→　○ cet arbre

EXERCICE ③ 次の単語に指示形容詞を付けて，言ってみましょう。

1) _____ garçon　2) _____ homme　3) _____ fille
4) _____ femme　5) _____ dame　6) _____ gens

4 Oui, Non で答える疑問文 2

CD35 1) 二つのものについて聞く表現と答え方があります。

☐ **Tu as des frères et sœurs ?**　　A : Oui, j'ai un frère et une sœur.
　　　　　　　　　　　　　　　　　 B : J'ai un frère, mais je n'ai pas de sœurs.
　　　　　　　　　　　　　　☐ C : **Non, je n'ai ni frères ni sœurs.**
　　　　　　　　　　　　　　　　　 Je suis enfant unique.

EXERCICE 4　上の疑問文を使って，自分の立場で答える応答練習をしてください。

CD36 2) いろいろなニュアンスを含む答え方があります。

☐ Tu aimes la bière ?　　A : Oui, j'**adore** la bière.
　　　　　　　　　　　　 B : Oui, j'aime (beaucoup) la bière.
　　　　　　　　　☐ C : **Non, je n'aime pas beaucoup la bière.**
　　　　　　　　　　 D : Non, je n'aime pas la bière.
　　　　　　　　　　 E : Non, je **déteste** la bière.

EXERCICE 5　下の事柄について好き嫌いを尋ねる疑問文を作り，自分の立場で応答してください。

1) le sport　　2) faire la cuisine　　3) les dessins animés　　4) le karaoké　　5) les carottes

5 強勢形人称代名詞

強勢形人称代名詞は，次のような時に用いられます。

moi	nous
toi	vous
lui	eux
elle	elles

強調　　　　　Moi, je suis pour (contre).
属詞　　　　　L'État, c'est moi.
前置詞の後ろ　Pour moi, un thé, s'il vous plaît.
比較級　　　　Il est **plus** grand **que** moi.
命令文　　　　**Donnez**-moi un café, s'il vous plaît.
（比較級と命令文についてはLeçon 9とLeçon 12で詳しく学習します。）

EXERCICE 6　下の例に倣い 1) ～ 5) の事柄について好き嫌いを言い，それに同意する応答をしてください。

CD37　例：J'aime le football. Et toi ?　　　　－ **Moi aussi.**
　　　　 Je n'aime pas les films d'horreur. Et toi ? － **Moi, non plus.**

1) danser　　2) les jeux vidéos　　3) le rap　　4) sortir

EXERCICE 7　上の例に倣い，自分の好きなものや嫌いなものをあげて質問し応答してください。

CD38 6 数字の課題 3　数詞 30 ～ 49 までを暗記しましょう。

30. trente　　31. trente-et-un(e)　　32. trente-deux　　33. trente-trois　34. trente-quatre
35. trente-cinq　36. trente-six　　　37. trente-sept　　　38. trente-huit　39. trente-neuf
40. quarante　　41. quarante-et-un(e)　42. quarante-deux　43. quarante-trois ……

Leçon 8

1 動詞の課題 — 代名動詞 (verbe pronominal)

フランス語では，しばしば動詞の前に**再帰代名詞**（英語の self 代名詞）を付けて運用します。これを**代名動詞**といい，独特の意味を持つ場合があります。

代名動詞の意味

1)

2)

CD 39　再帰代名詞と代名動詞 **se lever, s'appeler** の直説法現在形活用

Je	**me**	lève	Nous	**nous**	levons
Tu	**te**	lèves	Vous	**vous**	levez
Il / Elle	**se**	lève	Ils / Elles	**se**	lèvent

Je	**m'**appelle	Nous	**nous** appelons
Tu	**t'**appelles	Vous	**vous** appelez
Il / Elle	**s'**appelle	Ils / Elles	**s'**appellent

☐ 1) 物が主語である代名動詞は受身的意味となります。

　　Cet article **se vend** bien.（vend は vendre（売る）の変化）

☐ 2) **se souvenir de**, **s'enfuir** のように代名動詞の形しか持たない動詞もあります。

☐ 3) 代名動詞は，本来の動詞から派生して，しばしば独特の意味を持つことがあります。

　　例　trouver – **se trouver,**　aller – **s'en aller,**　mettre – **se mettre à,**　rendre – **se rendre**

EXERCICE ①　下の例に倣って会話してみましょう。

– Tu t'appelles comment ?　(Comment t'appelles-tu ?)
– Je m'appelle Nicolas Durand.

EXERCICE ②　下の例に倣って自分の立場の文章を作り，言ってみましょう。

– Chaque matin, je me lève à 7 heures 30.
– Le soir, normalement, je me couche à 11 heures et demie.

2 否定疑問文

否定疑問文も，3通りの作り方があります。

　　1) Vous n'avez pas de frères ?　　2) Est-ce que vous n'avez pas de frères ?
　　3) N'avez-vous pas de frères ?

　☐ 1) N'a-t-il pas de frères ?　　☐ 2) Paul, n'a-t-il pas de frères ?

CD 40 否定疑問文に答える場合，Oui のかわりに Si で答えます。

　　Tu n'as pas de frères?　– Si, j'ai un frère.　– Non, je n'ai pas de frères.

EXERCICE ③ 兄弟・姉妹の有無を問う疑問文を否定疑問文にして応答練習しましょう。

EXERCICE ④ 肯定疑問文と否定疑問文を混ぜて質問し，応答練習しましょう。

3 疑問副詞 où と quand による疑問文

疑問副詞による疑問文も，基本的に3通りの作り方があります。

1) 通常文の述部に置きます。（口語体）

　　Vous habitez où ?　　　　Vous allez quand en France ?

2) 疑問詞を文頭に置き est-ce que をつけて，その後ろに通常文を付加します。

　　Où est-ce que vous habitez ?　Quand est-ce que vous allez en France ?

3) 疑問詞を文頭に置き，主語と動詞を倒置します。主語が人称代名詞の場合 - で結びます。

　　Où habitez-vous ?　　　　Quand allez-vous en France ?

　　Où habite Paul ?　　　　　Quand Paul va-t-il en France ?

EXERCICE ⑤ どこに住んでいるか，友達に尋ねてみましょう。

4 インタビュー

EXERCICE ⑥ 今まで学んだ疑問文を使って友達にインタビューしてみましょう。インタビューの最後に « Merci beaucoup. » とお礼を言い，言われた人は « Je vous en prie. »（どういたしまして）と答えるようにしてください。CD を聞いて参考にしてください。

CD 41

EXERCICE ⑦ インタビューした結果をまとめて，人を紹介する文章を書いてみましょう。

Je vous présente mon ami Paul.　Il a vingt-et-un ans.　Il est étudiant.　Il étudie la littérature japonaise.　Il parle bien anglais et japonais.　Il habite à Paris. Il aime le sport et les voyages.　Il a une sœur.　Elle travaille dans un magasin.

CD 42 **5 数字の課題 4**　数詞 50 〜 69 までを暗記しましょう。

50. cinquante　51. cinquante-et-un(e)　52. cinquante-deux　53. cinquante-trois……
60. soixante　　61. soixante-et-un(e)　　62. soixante-deux　　63. soixante-trois……

Leçon 9

1 動詞の課題

courir, rire, rendre, descendre の直説法現在形活用を暗記しましょう。

2 注意すべき名詞

☐ 1) 男性名詞から女性名詞を作る名詞があります。

　　　ami → amie　　Français → Française　　étudiant → étudiante　　employé → employée
　　　professeur → professeure　　　　参考：élève → élève　　enfant → enfant

☐ 2) 特殊な複数形を持つものがあります。

　　　fils → fils　　gâteau → gâteaux　　animal → animaux　　œil → yeux
　　　œuf [œf] → œufs [ø]　　　　pomme de terre → pommes de terre
　　　grand-mère → grands-mères　　grand-père → grands-pères　　monsieur → messieurs
　　　madame → mesdames　　　mademoiselle → mesdemoiselles

☐ 3) 単数形と複数形で意味の異なる名詞があります。

　　　vacance — vacances　　parent — parents　　toilette — toilettes

3 注意すべき形容詞

☐ 1) 性数一致の時，特殊な複数形や女性形を持つものがあります。

　① 特殊な複数形　　mauvais → 不変化　　beau → beaux　　égal → égaux
　② 特殊な女性形　　jeune → 不変化　　cher → chère　　complet → complète　　blanc → blanche
　　　　　　　　　　heureux → heureuse　　gentil → gentille
　　　　　　　　　　bon → bonne　　ancien → ancienne　　bas → basse　　gros → grosse
　③ （ ）内のような**男性第二形**をとり，そこから女性形を作るものがあります。男性第二形は，
　　　母音や無音の h で始まる男性名詞の前で用いられます。
　　　　beau (bel) → belle　　nouveau (nouvel) → nouvelle　　vieux (vieil) → vieille
　　　例：beau livre　bel avion　belle maison / beaux livres　beaux avions　belles maisons

☐ 2) 形容詞 tout は特殊な男性複数形 (tous) をとり，特別な位置に置かれます。

　　　tout le monde　　tous les jours　　toute la journée　　toutes les heures

☐ 3) 置かれる位置によって意味が異なる形容詞があります。

　　　un pauvre homme — un homme pauvre　　le même homme — l'homme même

EXERCICE 1 次の仏文の下線部の形容詞を正しい形にしてください。

1) Elles sont jeune et heureux.　　　　2) Il y a une beau voiture blanc.
3) Tout les hommes sont égal.　　　　4) Tout les places sont occupé.
5) Il donne de l'argent à une vieux dame pauvre.
6) J'aime la nouveau cuisine.　　　　7) C'est la même chose.

4 冠詞 des の変形

🔴 不定冠詞 des は，des ＋形容詞＋名詞の語順の時，一般的に de に変形します。

　　　de belles maisons　　　比較：des petits garçons

EXERCICE ❷ 次の下線部に適切と思われることばを（　）から選び，記入してください。

1) C'est ___ bonne idée.　　　　　　2) Je n'ai pas ___ chance.
3) Il y a ___ petits enfants dans le jardin.　　4) J'achète des légumes ___ marché.
5) Les enfants vont ___ école.
6) Je voudrais la liste ___ monuments historiques de Paris.　　(à l'　au　des　de　une)

5 形容詞・副詞の比較級 (comparatif)

形容詞・副詞の比較級は，ほとんどの場合下のような構文で作られます。英語のように独自の比較級・最上級を持つものはごくわずかです。

優等比較	**plus**	形容詞		
同等比較	**aussi**	＋ あるいは ＋	**que**	
劣等比較	**moins**	副詞		

Elle est plus (aussi, moins) grande que moi.
Elle court plus (aussi, moins) vite que moi.

EXERCICE ❸ 上の例文を参考に，次の形容詞を用いて様々な比較の文を書いてみましょう。

1) petit　2) âgé　3) sérieux　4) timide　5) bavard　6) calme　7) optimiste　8) dynamique

□ plus あるいは moins の前に **beaucoup, bien, un peu** などを加えると，程度を表すことができます。
　　Il est **beaucoup** (**bien / un peu**) plus (moins) grand que moi.
□ 参考：名詞の量の程度を比較する場合。**plus [plus] de, autant de, moins de** を用います。
　　Il a **plus de** (**autant de, moins de**) livres que moi.

EXERCICE ❹ 次のＡＢは，身近な人の写真を見て会話しています。この文をまねて独自の会話を作ってください。

A : **Qui est-ce ?**
B : C'est ma sœur.
A : Ah bon ! Elle est blonde. Elle a les yeux bleus. Elle est belle ! Elle est comment ?
B : Elle est patiente et calme. Elle est plus grande que moi.
A : **Quel âge a-t-elle ?**
B : Elle a vingt-cinq ans.
A : Donc, elle est plus âgée que toi de six ans.　**Qu'est-ce qu'elle fait dans la vie ?**
B : Elle est professeur de mathématiques. Elle travaille dans un lycée de Dijon.

6 数字の課題 5　数詞 70 ～ 89 までを暗記しましょう。

70. **soixante-dix**　　　　　　71. **soixante-et-onze**
72. soixante-douze……　　　77. soixante-dix-sept……
80. **quatre-vingts**　　　　　81. **quatre-vingt-un(e)**　　82. quatre-vingt-deux……

Leçon 10

1 動詞の課題

conduire, lire, plaire, écrire, dire の直説法現在形活用を暗記しましょう。

2 形容詞・副詞の最上級 (superlatif)

☐ 1) 形容詞の最上級

| 優等 劣等 | le (la, les) + plus / moins + 形容詞 + (de 〜) |

☐ 2) 副詞の最上級

| 優等 劣等 | le + plus / moins + 副詞 + (de 〜) |

Il est **le** plus grand (de la classe).   Elle est **la** plus grand**e** (de la classe).
Il court **le** plus vite (de la classe).   Elle court **le** plus vite (de la classe).

☐ 3) 独自の比較級・最上級を持つ形容詞・副詞

bon — meilleur — le (la, les) meilleur(es)   bien — mieux — le mieux
beaucoup — plus — le plus   peu — moins — le moins

EXERCICE 1 単語を並べ替えて，日本語の意味になる仏文を作ってみましょう。

1) だいぶ具合が良くなりました。(Je mieux vais bien .)
2) 春は日本で一番良い季節です。(Le printemps la du est saison belle Japon plus .)
3) 秋は日本で一番快適な季節です。
   (L'automne la la plus agréable du Japon saison est .)
4) 彼女はクラスで一番上手にフランス語を話す。
   (Elle de le français parle mieux le la classe .)
5) 京都は日本で最も美しい町の一つです。
   (est Kyoto une des belles villes du Japon plus .)

3 目的語人称代名詞

直接目的補語人称代名詞   間接目的補語人称代名詞

```
            me (m')
            te (t')
            le (l')                       me (m')
                                          te (t')
    Il      la (l')    présente à Paul.   lui
            nous                      Il  nous    présente Paul.
            vous                          vous
            les                           leur
```

☐ 1) 目的語人称代名詞は，動詞の前に置かれます。
☐ 2) me, te, le, la は，後ろに母音で始まる単語が来ると（ ）内の形になります。

EXERCICE 2 下線部を適切な人称代名詞にして，文を書きかえてください。

1) Tu connais Paul ? – Oui, je connais Paul.　　2) Je mets les bagages dans ma voiture.
3) Il offre un cadeau à moi.　　4) J'appelle toi ce soir.
5) Je téléphone à toi ce soir.　　6) Voilà Paul.

□ 3) 直接目的補語，間接目的補語の両方に目的語人称代名詞を使いたい時，直接目的補語として 3 人称しか取ることができず，語順も以下のように決まります。

① 1 人称・2 人称の間接目的補語人称代名詞とともに用いる場合。

Il　me / te / nous / vous　　le / la / les　présente.

② 3 人称の間接目的補語人称代名詞とともに用いる場合。

Il　le / la / les　　lui / leur　présente.

□ 下の左のような文は作ることができません。この場合は右の文のようになります。

× Il me lui présente.　→　○ Il me présente à lui (elle).

EXERCICE 3 次の日本語の意味になるように，斜字体の単語を並べ替えてください。

1) 君はデュラン夫人を知っていますか。　*Madame　Durand　connais　Tu* ?
2) いいえ（彼女を）知りません。　*Non, pas la je ne connais* .
3) おや，ちょうど彼女が来た。君に彼女を紹介しましょう。
　　Tiens ! *voilà La* ! / *présente la te Je* .
4) こんにちはマダム。友達のニコラを紹介します。
　　Bonjour Madame. / *Nicolas présente mon ami, vous Je* .
5) こんにちはマダム。お会いできてうれしいです。　*heureux rencontrer Je très de vous suis* .
6) 私もです。あなたはポールの一番のお友達ね。
　　Moi aussi, très heureuse. / *le de Vous ami meilleur Paul êtes* , n'est-ce pas ?
7) 彼（ポール）は日本のアニメが好きです。僕よりたくさんの漫画を持っているんです。彼は今日それを私に見せてくれるんです。
　　Il aime les dessins animés japonais. / Il *moi de mangas a plus que* . / Aujourd'hui, il va *les montrer me* .
8) それでは，失礼するわね。準備しなければいけない会議があるから。
　　Bon, *laisse vous Je* . J' *une réunion ai à organiser*. Au revoir.

EXERCICE 4 上の文を応用して，人を紹介する文を作り実演してみましょう。

4 数字の課題 6　数詞 90～100 までを暗記しましょう。

90. quatre-vingt-dix　　　　　　91. quatre-vingt-onze……
97. quatre-vingt-dix-sept……　　100. cent

身近にある 100 の数字 → 1 cm (centimètre)　1 centime　10% (10 pour cent)

Unité 3　日常生活でよく使う表現を身に付ける

Leçon 11 の目標

1 sentir, partir, suivre, vivre, mettre の直説法現在形活用を覚えましょう。□　**2** 疑問形容詞 quel の変化を覚えましょう。□　**3** quel を使った様々な疑問文，日時や天候を問う疑問文を言うことができ，その問いかけを理解して応答できるようにしましょう。□　**4** 不定代名詞 on について理解しましょう。□

Leçon 12 の目標

1 craindre, connaître, naître, boire, croire の直説法現在形活用を覚えましょう。□　**2** 命令法を理解しましょう。□　**3** 買い物の基本的表現を覚えましょう。□　**4** 否定の様々な表現を理解しましょう。□　**5** ne ～ que の用法を覚えましょう。□

Leçon 13 の目標

1 falloir, pleuvoir, savoir, s'asseoir の直説法現在形活用を覚えましょう。□　**2** 中性代名詞 en, y, le の用法を理解しましょう。□　**3** 序数詞，その他の数の表現を理解しましょう。□　**4** 道を尋ねたり教えたりすることが出来るようにしましょう。□

Leçon 14 の目標

1 pouvoir, vouloir, mourir の直説法現在形活用を覚えましょう。□　**2** 指示代名詞 ce (c'), ceci, cela, ça の用法を理解しましょう。□　**3** 形を変える指示代名詞 celui の用法を理解しましょう。□　**4** 形を変える疑問代名詞 lequel の用法を理解しましょう。□　**5** 衣類に関する単語を覚えましょう。□

Leçon 15 の目標

1 venir, tenir, devoir, recevoir, voir の直説法現在形活用を覚えましょう。□　**2** 冠詞の使い方に注意を払いましょう。□　**3** 疑問代名詞について理解しましょう。□　**4** 自分の健康状態などを表現できるようにしましょう。□　**5** 身体に関する単語を読み，聞くなどして理解できるようにしましょう。□

Leçon 11

1 動詞の課題

sentir, partir, suivre, vivre, mettre の直説法現在形活用を暗記しましょう。

2 疑問形容詞 quel

疑問形容詞 quel は関係する名詞の性・数に応じて以下のように形を変えます。

男性単数形	quel	女性単数形	quelle
男性複数形	quels	女性複数形	quelles

quel を用いた様々な疑問文

CD49
① **Quel est votre nom ?** – Je m'appelle Jean-Paul Leblanc.
② **Quel est votre numéro de téléphone ?** – C'est le 01.39.91.75. 48.
③ **Quelle est votre adresse ?** – Mon adresse ? C'est 17 rue Mirabeau.

EXERCICE ① 上①②③の疑問文を用いて会話してみましょう。

CD50 ④ **Quel temps fait-il ?**
– Il fait beau.　Il fait chaud.　Nous sommes en été.
– Il fait mauvais.　Il pleut.　Il y a du vent.　C'est un orage.
– Il neige.　Il fait froid.　Nous sommes en hiver.
– Il fait nuageux.　Il fait 24 degrés.

□ ここで使われている **Il** は，**非人称主語**です。

EXERCICE ② ④の疑問文を用いて実際の会話をしてみましょう。

CD51 ⑤ **Quelle heure est-il ?** (□ **Vous avez l'heure ?**)
– Il est 6 heure**s** 10 (18 heures 10).　– Il est une heure 16.
– Il est 7 heures **et demie**.　– Il est 9 heures **et quart**.
– Il est 10 heures **moins** 5.　– Il est 5 heures **moins le quart**.
– Il est **midi**.　– Il est **minuit**.

EXERCICE ③ ⑤の疑問文を用いて実際の会話をしてみましょう。

CD52 ⑥ **Quel jour (de la semaine) sommes-nous aujourd'hui ?**
– Nous sommes lundi.

lundi, mardi, mercredi, jeudi, vendredi, samedi, dimanche

EXERCICE ④ 曜日の名前を憶えて，実際の会話をしてみましょう。

CD53 ⑦ **Quelle est la date d'aujourd'hui ?** – Aujourd'hui c'est **le 24 janvier**.
比較：**Nous sommes le combien ?** – Nous sommes **le 24**.

**janvier, février, mars, avril, mai, juin, juillet,
août, septembre, octobre, novembre, décembre**

EXERCICE ⑤ 月の名前を憶えて，実際の会話をしてみましょう。

⑧ **De quelle couleur** est ta voiture ?　　– Elle est rouge.

3 感嘆文

感嘆文は，語調を強くしたり，疑問文に用いられる Quel, Que, あるいは，Comme のような言葉に導かれます。

Tu as de la chance !　　**Quel beau temps !**　　**Qu'il fait beau !**
Comme il fait beau !

4 不定代名詞 on の用法

不定代名詞 on は，漠然としたニュアンスで以下のような場合に用いられます。どのような意味であれ**常に 3 人称単数の動詞を取ります。**

1) 不特定な人・人々・誰か，などの意味を表します。

On parle japonais au Japon.　　On dit qu'il aime Marie.　　On frappe à la porte.

2) nous の意味になります。

Qu'est-ce qu'on fait ?　　On va au cinéma ?　　On y va quand ?

EXERCICE ⑤ 　孫娘 (Petite-fille) と祖母 (Grand-mère) の次のような会話をフランス語にしてみましょう。初めて出てくる表現や単語は，文中の（ ）内に補ってあります。また，下の注も参考にしてください。そのほかの表現や単語は，これまで学んできたことを思い出しながら仏訳してください。

Petite-fille　：おはよう，おばあちゃん。ご機嫌いかが。
Grand-mère　：だいぶよくなったよ。気分はいいよ (se sentir bien)。天気はどうかね？
Petite-fille　：〈カーテン (les rideaux) を開ける〉このとおりよ (Il fait…)。
Grand-mère　：まあなんていい天気でしょう。ところで (Dis-moi) 今日は何日だったかねえ。
Petite-fille　：17 日よ。
Grand-mère　：何曜日だったかしら。
Petite-fille　：木曜日よ。今日は (aujourd'hui) ヴィオレット通り (sur l'avenue de la Violette) のマーケット (le marché) が開いているわ。出かけてみない？
Grand-mère　：何を買おう (aller acheter) かねえ？
Petite-fille　：パンがないし，ワインももうない (ne 〜 plus) わ。少しの (un peu de) チーズといくらかの (quelques) 野菜 (légumes) が少しあるだけ (ne 〜 que) よ。買うものはたくさんあるわ (beaucoup de choses à acheter.)。
Grand-mère　：わかったわ (Bon. D'accord.)。買い物に行きましょう (aller faire des courses)。今何時だい。
Petite-fille　：8 時半よ。まず (d'abord,)，私，掃除する (aller faire le ménage) から，一時間後に (dans une heure) 行きましょう。

注　☐ 1) **aller ＋不定詞**で，近い未来を表します。
注　☐ 2) **ne 〜 plus, ne 〜 que** の表現を覚えましょう。
注　☐ 3) **un peu** の後には**数えられない名詞**，**quelques** の後には**数えられる名詞**が来ます。

Leçon 12

1 動詞の課題

craindre, connaître, naître, boire, croire の直説法現在形活用を暗記しましょう。

2 命令法 (impératif)

命令文で用いる動詞の形は，おおむね**直説法現在形活用**の，tu と vous と nous の活用形と同じです。tu と vous に対する命令形（〜しなさい・してください）に対し，nous に対する命令形は（〜しましょう）の意味になります。

Choisis (**Choisissez**) de bons amis. / **Choisissons** de bons amis.
Donnez-moi un timbre à cinquante centimes, s'il vous plaît.

☐ moi は，本来 me ですが，肯定命令文の時，倒置されて強勢形人称代名詞の形をとります。

☐ 1) 直説法現在形で -er 動詞語尾を取る動詞および aller では，tu に対する命令形は，語尾 -es より s が脱落します。

Travaille bien mon chéri (ma chérie) !
Va chercher ton père à la gare !　　　比較：Vas-y !

☐ 2) avoir の命令形 (**aie ayons ayez**)，être の命令形 (**sois soyons soyez**) のように，特別な命令形を取る動詞があります。

Sois sage !　**Ayez** de bons amis !

☐ 3) 代名動詞の命令文は，以下のように再帰代名詞を動詞の後ろに倒置します。Tu に対する命令文では通常，再帰代名詞は **toi** の形に変形します。

Lève-**toi** !　Levez-vous !　Va-t'en !　Allez-vous-en !

EXERCICE ❶ 次の下線部の動詞を，適切な命令法の形にしてください。

1) Ouvrir la fenêtre, s'il vous plaît !
2) Fermer la porte, s'il te plaît !
3) J'ai besoin de ton aide. Travailler ensemble !
4) Appeler-moi ce soir, Monsieur !
5) Se brosser les dents, mes enfants !

3 買い物に必要な表現

Donnez-moi un kilo de pommes, s'il vous plaît.
Je voudrais une tranche de jambon blanc, s'il vous plaît.
C'est combien ? / Ça coûte combien ?
Ça fait combien ? / Je vous dois combien ?

EXERCICE ❷ 下の品物を買うやり取りを作って，言ってみましょう。

1) un plan de Paris à six euros
2) trois timbres à quatre-vingts centimes
3) deux cahiers à un euro vingt
4) un carnet
5) un pass hebdomadaire de bus

4 ne 〜 plus と ne 〜 que

□ 1) 否定文は，ne 〜 pas 以外に，**ne 〜 plus**, **ne 〜 personne**, **ne 〜 rien**, **ne 〜 jamais**, **ne 〜 point** などの表現があります。

On **n'a plus** de pain.   Il **n'y a personne**.   **Personne ne** dit ça.
Qu'est-ce que tu as ?   – **Je n'ai rien.**   Je **n'aime point** ce film.

□ 2) **ne 〜 que** は，que 以下の強調で，否定の意味はありません。

Je n'ai qu'un billet de cinquante euros.

EXERCICE 3 CD のパン屋さん (pâtissier-boulanger) とマダムの会話に倣って，パン屋さんでいくつかの品物を買う会話を作って見ましょう。

EXERCICE 4 1) 2) 3) 4) の店に行って買い物をしてみましょう。exercice3 を基に会話してください。

1) **Je vais chez le (la) marchand(e) des légumes.**

un (une) / un kilo de / 100 grammes de / une botte de
épinard / carotte / pomme de terre / oignon / chou / tomate / laitue / navet / radis / aubergine / poireau / poivron rouge / poivron vert / piment / ail / concombre / cornichon / courgette / citrouille / asperge

2) **Je vais chez le (la) boucher(ère)-charcutier(ère). / Je vais à la boucherie-charcuterie.**
un kilo de / 100 grammes de / une tranche de / un morceau de
entrecôte / faux-filet / filet / gîte / poulet / jambon / saucisse / saucisson / lard

3) **Je vais chez le (la) poissonnier(ère). / Je vais à la poissonnerie.**
un (une) / un kilo de / 100 grammes de / une tranche de / un morceau de / une douzaine de
thon / saumon / cabillaud / maquereau / dorade / sardine / crevette / huître

4) **Je vais chez l'épicier(ère). / Je vais à l'épicerie.**
une tranche de / un morceau de / un paquet de / une bouteille de / une douzaine de
sucre / sel / farine / huile d'olive / beurre / lait / œuf / fromage

Leçon 13

1 動詞の課題

falloir, pleuvoir, savoir, s'asseoir の直説法現在形活用を暗記しましょう。

2 中性代名詞 (pronoms neutres)　en, y, le

CD 58

1) 中性代名詞 **en** の用法

① 中性代名詞 **en** は，前置詞 **de** に導かれる名詞に代わることができます。

　Tu as besoin **de la voiture** ?　– Oui, j'**en** ai besoin.
　Tu te souviens **de ce village** ?　– Oui, je m'**en** souviens.

② 数量・部分を受ける **en**

　Tu as **des frères (sœurs)** ? – Oui, j'**en** ai un (une).　– Non, je n'**en** ai pas.
　Tu as **de la monnaie** ?　– Oui, j'**en** ai beaucoup. – Non, je n'**en** ai pas assez.

　en を用いた熟語：Va-t'en !　Où en sommes-nous ?　Nous en sommes à la page 10.

EXERCICE 1　グループで以下のような質問をし合い，AかBの答えを選び，自分の立場で答えてみましょう。都市の名前は任意で選び，答える速度を速めながら何回も練習しましょう。

Tu viens **de Paris** ?　　　A – Oui, j'**en** viens.　　　B – Non, je n'**en** viens pas.

CD 59

2) 中性代名詞 **y** の用法

中性代名詞 **y** は，前置詞 **à** および**場所の前置詞**に導かれる名詞に代わることができます。

　Tu penses **à ton pays** ?　– Oui, j'**y** pense.
　Le chat est encore **sur la table** ?　– Oui, il **y** est encore.

　y を用いた熟語：Ça y est !　Vous y êtes ?

EXERCICE 2　以下の例文を基にして，下線部を 1) から 5) までの単語に変え，素早く答えてみましょう。

Tu vas **à la gare** ?　　A – Oui, j'**y** vais.　　B – Non, je n'**y** vais pas.

1) la poste　2) l'école　3) la mairie　4) l'hôtel de ville　5) la bibliothèque
6) le musée des beaux-arts　7) l'hôpital　8) le supermarché　9) la piscine　10) le stade

CD 60

3) 中性代名詞 **le** の用法

中性代名詞 **le** は，文・節・属詞に代わることができます。

　Tu sais qu'il est malade ?　– Oui, je **le** sais.　– Ah non ! Je ne **le** savais* pas.
　Est-ce qu'il est **gentil** ?　– Oui, il **l'**est.　– Non, il ne **l'**est pas.

　□ *「知らなかった」と言いたい時は，Je ne savais pas と言います。

EXERCICE 3　下の例に倣って文章を作り，中性代名詞 le を用いて応答しましょう。

Êtes-vous **fatigué** ?　　　　　　　– Oui, je **le** suis.
　注：口語では，フォーマルな問いかけでのみ属詞を le でおきかえます。

Tu sais ?　**Paul aime le sport.**　　– Oui, je **le** sais.
Elle t'aime.　　　　　　　　　　　– Ah ! Je ne **le** savais pas.

EXERCICE 4 （　）内に適切な中性代名詞を入れて，会話を完成してください。

Qu'est-ce que nous visitons dans cette ville ?　　– Je voudrais aller au musée historique.
Tu t'intéresses à l'histoire ?　　– Oui, je m'(　) intéresse beaucoup.
Bon, allons-(　). Mais tu sais où le musée se trouve ?　　– Non, je ne (　) sais pas.
Tu as un plan ?　　– Non, je n'(　) ai pas.
Alors, on va d'abord à l'office du tourisme.　　– D'accord, on (　) va.

3 序数詞（〜番目の）と概数名詞（約〜）

1) 序数詞は，以下のようになっています。

1er (1ère) premier (première)		2e deuxième / second(e)	
3e troisième	4e quatrième	5e cinquième	6e sixième
7e septième	8e huitième	9e neuvième	10e dixième
11e onzième	12e douzième	13e treizième	14e quatorzième
15e quinzième	16e seizième	17e dix-septième	18e dix-huitième
19e dix-neuvième	20e vingtième	21e vingt-et-unième	

2) 概数（約〜）は，以下のように一定の数で作られます。

　　une huitaine,　une dizaine / plusieurs centaines d'euros / 比較 une douzaine

4 道を尋ねる表現

A – Nous nous sommes perdus*. On va demander à ce monsieur.
B – Excusez-moi, Monsieur. Nous sommes où, s'il vous plaît ?
C – Vous êtes dans la rue Pasteur.
A – Et pour aller au musée historique ?
C – Je suis désolé. Je ne sais pas. Mais vous avez un plan, non ? Montrez-le-moi.
B – Oui, bien sûr. Voilà.
C – Alors, pour y aller … Vous suivez l'avenue de la République tout droit. Vous traversez le boulevard Victor Hugo, et vous tournez dans la première rue à droite, et puis dans la deuxième rue à gauche. Ensuite, vous allez tout droit. Vous descendez sur une centaine de mètres. Vous arrivez sur la place du Théâtre. Le musée historique est à côté du théâtre, sur votre droite.
A – Merci beaucoup, Monsieur.
C – Vous y allez à pied ou en bus ? Prenez le bus, c'est plus pratique ! L'arrêt est juste en face de vous.
　□ *道に迷った (se perdre) という表現です。

EXERCICE 5 上の例文のやり取りを参考にして，道を尋ねたり教えたりする会話を作りましょう。交通機関に関しては下の単語を参考にしてください。

le métro　　le tram　　le taxi

Leçon 14

1 動詞の課題

pouvoir, vouloir, mourir の直説法現在形活用を暗記しましょう。

2 指示代名詞

1) ce (c'), ceci, cela, ça は，形を変えない指示代名詞です。

C'est à qui ?　　　　　– C'est à moi.
J'aime ceci.　Mais je n'aime pas cela.
Ça fait combien ?　　　Ça fait longtemps.　　　Oui, c'est ça.

EXERCICE 1　下線部を 1) 〜 17) の単語に変え，持ち主が誰であるか応答してください。

C'est à qui, cette jupe ?　　　　　　　　　– C'est à moi.
C'est à qui, ces deux paires de chaussettes ?　– C'est à moi.　Passe-les-moi !
C'est à toi, ces vêtements ?　　　　　　　– Oui.　Mais ne touche pas à mes affaires !

1) chemise　　2) pantalon　　3) cravate　　4) veste　　5) gilet　　6) costume
7) chemisier　8) jupe　　　9) foulard　　10) ensemble　11) jean　　12) t-shirt
13) blouson　14) manteau　15) écharpe　　16) pull-over　17) pyjama

2) celui は，指し示す名詞の性・数に応じて形を変えます。決して単独では用いられません。

男性単数	女性単数	男性複数	女性複数
celui	celle	ceux	celles

Mon père et celui de Paul sont amis.
Voici deux cravates.　Celle-ci est à moi, et celle-là est à mon frère.

EXERCICE 2　例にならって（ ）内に適切な指示代名詞を入れてください。次に，例題の下線部を exercice 1 の 1) から 17) までの単語に置き換え，グループでお互いに言い合ってください。

例　J'ai deux t-shirts.　　　Aujourd'hui, je voudrais mettre (celui-ci) plutôt que (celui-là).
1) J'ai deux chapeaux.　　Aujourd'hui, je voudrais mettre (　　) plutôt que (　　).
2) J'ai deux robes.　　　Aujourd'hui, je voudrais mettre (　　) plutôt que (　　).
3) Voici mes habits.　　　Aujourd'hui, je voudrais mettre (　　) plutôt que (　　).
4) Voici mes chaussures.　Aujourd'hui, je voudrais mettre (　　) plutôt que (　　).

3 疑問代名詞 lequel

lequel は，かかわり合う名詞の性・数に応じて次のように形を変えます。

男性単数	女性単数	男性複数	女性複数
lequel	laquelle	lesquels	lesquelles

EXERCICE 3　下の例文に倣って，下線部の単語を変え，会話してみましょう。

Tu as beaucoup de cravates.　　Laquelle est la plus chère ?　　– C'est celle-ci.
Tu as plusieurs blousons.　　　Lequel préfères-tu ?　　　　　– Celui-là.
Tu as un tas de chaussettes.　　Lesquelles veux-tu jeter ?　　　– Je n'en jette aucune.
J'hésite entre deux costumes.　Dis-moi lequel me va le mieux ?
　　　　　　　　　　　　　　　　　　　　　　　　　　　　– Les deux te vont très bien.

4 ブティック (boutique) での会話

A – Je peux vous aider, mademoiselle ?
B – Je voudrais voir des robes. Vous permettez ?
A – Oui, bien sûr. Allez-y.
B – J'hésite entre ces deux modèles.
A – Quel taille faites-vous ?
B – Je fais du S.
A – Voilà. Celle-ci est un nouveau modèle. Très chic. Celle-là est moins chère. Laquelle préférez-vous ?
B – Ce nouveau modèle me plaît beaucoup. Mais il coûte combien ?
A – Il coûte 300 euros.
B – C'est trop cher pour moi. Et l'autre robe ?
A – Celle-là ? Elle fait 150 euros.
B – Je peux l'essayer ?
A – Oui, bien sûr. La cabine d'essayage est là-bas.

EXERCICE 4 上の例文に倣って，ブティックでの会話を作ってみましょう。

Leçon 15

1 動詞の課題

venir, tenir, devoir, recevoir, voir の直説法現在形活用を暗記しましょう。

2 冠詞のまとめ

□ 1) 冠詞の使い方 → 定冠詞・不定冠詞・部分冠詞の使い方は大変難しいものです。出会った文章の実例に常に注意するようにしてください。

EXERCICE 1 次の（ ）内に適切と思われる冠詞を記入してください。

1) J'ai ( ) chien. J'aime ( ) chiens. □ le chien. と書いたらどのような意味になるでしょうか。
2) Il y a ( ) poissons dans l'aquarium. J'aime ( ) poissons.
3) Je mange ( ) poisson. J'aime ( ) poisson.
4) ( ) chien est ( ) animal fidèle à ( ) homme.

□ 2) 冠詞が変形する場合

① 母音の前でのエリジオン　l'homme, l'école, de l'argent, de l'eau
② 冠詞の縮約 → (1) un café au lait,　une tarte aux fraises
　　　　　　　　(2) l'entrée du musée,　la liste des étudiants
③ 冠詞が de に変形する場合 → (1) Je n'ai pas de monnaie.　(2) de bons amis

□ 3) 冠詞の省略

① 属詞で主語の人物の職業などを言う場合 → Je suis étudiant.
② 熟語・慣用句など → **avoir faim (soif, sommeil, chaud, froid, mal à ～) /**
　　　　　　　　　avec plaisir / **quelques / beaucoup de,　un peu de,**
　　　　　　un kilo de,　un morceau de,　une pièce de,　une tranche de
　　　　　　などの後におかれる場合

③ 広告など → Maison à louer　Voiture à vendre

EXERCICE 2 下の 1) ～ 5) の受け答えとして適切なものを右の A ～ E から選んでください。また、下の表現を利用して，現在の自分の状態を言い，それに応じる会話をしてください。

1) J'ai faim.　　　A – Mets ton manteau. Et ferme-le bien !
2) J'ai soif.　　　B – Tu as l'air fatigué. Repose-toi bien.
3) J'ai chaud.　　C – Moi, ça va. Mais, on va au café, si tu veux.
4) J'ai froid.　　D – Moi aussi. Allons au restaurant universitaire.
5) J'ai sommeil.　E – C'est nomal, nous sommes en été. Tu veux aller à la piscine ?

EXERCICE 3 下から適切な単語を選び，（ ）内に入れて，会話してみましょう。

1) Qu'est-ce que tu as ?　– J'ai mal aux dents.　　– Il faut aller chez le ( ).
2) Qu'est-ce que tu as ?　– J'ai les yeux qui piquent.　– Il faut aller chez l'( ).
3) Qu'est-ce que tu as ?　– J'ai mal à la tête. J'ai de la fièvre.
　　　　　　　　　　　　　　　　　　　　　– Il faut aller chez le ( ).
4) Qu'est - ce que tu as ?　– Je meurs de faim !　　– Il faut manger quelque chose.
　　chirurgien,　médecin,　ophtalmologiste,　dentiste,　pharmacien

EXERCICE 4 CD を聞いて 医者の問いかけに対して，自分の症状を訴える会話をしましょう。exercice 3 の用例も応用し，痛む部分も，下の体 (corps) に関する単語に変えて練習してみましょう。

la tête,　le cou,　le dos,　l'estomac,　le ventre,　la main,　le bras,　la jambe,　le pied

3 疑問代名詞 (pronoms interrogatifs)

1) 主語を問うもの

　① 人（誰が〜）　　　　　　　　　② 物（何が〜）

　Qui est là ?　– Il n'y a personne.　　Qu'est-ce qui se passe ?　– Rien.
　(Qui est-ce qui est là ?*) ＊今ではあまり見られない表現です

2) 目的語を問うもの

　① 人（誰を〜）　　　　　　　　　② 物（何を〜）

　Qui cherches-tu ?　– Je cherche Paul.　Que cherches-tu ?　– Je cherche ma clé.
　Qui est-ce que tu cherches ?　　　　Qu'est-ce que tu cherches ?
　Tu cherches qui ?　　　　　　　　Tu cherches quoi ?

3) 属詞を問うもの

　① 人（誰）　　　　　　　　　　　② 物（何）

　Qui est-ce ?　– C'est ma tante.　　Qu'est-ce que c'est ?　– C'est un chat.
　C'est qui ?　　　　　　　　　　　C'est quoi ?

4) 前置詞とともに用いるもの

　① 人（誰…）：前置詞 + qui　　　② 物（何…）：前置詞 + quoi

　De qui parles-tu ?　– Je parle de Paul.　De quoi parles-tu ?　– Je parle de santé.
　De qui est-ce que tu parles ?　　　De quoi est-ce que tu parles ?
　Tu parles de qui ?　　　　　　　　Tu parles de quoi ?

EXERCICE 5 上の 1) 〜 4) の例文で、①と②の疑問文を問い、適切に答える練習をしましょう。

EXERCICE 6 CD の例を基に、下の単語を用いて、自分の立場で会話してみましょう。

les oreilles,　les sourcils,　le menton,　les lèvres,　le visage

37

Unité 4　過去のことを言う

Leçon 16 の目標

1 aimer, finir, avoir, être, aller, faire の直説法半過去形活用，現在分詞，過去分詞を覚えましょう。□　**2** 近接過去の用法を理解しましょう。□　**3** 電話で簡単な応答ができるようにしましょう。□　**4** 関係代名詞 qui, que, dont, où の用法を理解しましょう。□　**5** 強調構文を理解しましょう。□　**6** 直説法半過去形の基本を理解しましょう。□　**7** 直説法半過去形を用いて自分の思い出を書くことができるようにしましょう。□

Leçon 17 の目標

1 manger, commencer, envoyer, lever, appeler, ouvrir, offrir の直説法半過去形活用，現在分詞，過去分詞を覚えましょう。□　**2** 直説法複合過去形の用法について，助動詞 être を取る場合と avoir を取る場合を理解しましょう。□　**3** 直説法複合過去形における過去分詞の性数一致の基本を理解しましょう。□　**4** すばやく直説法複合過去形の形を作り，言うことができるようにしましょう。□

Leçon 18 の目標

1 courir, rire, rendre, descendre, conduire, lire, plaire, écrire, dire の直説法半過去形活用，現在分詞，過去分詞を覚えましょう。□　**2** 直説法複合過去形について，助動詞 être を取る場合と avoir を取る場合で注意しなければならいない点を理解しましょう。□　**3** 直説法複合過去形について，過去分詞の性数一致の注意点を理解しましょう。□　**4** 直説法複合過去形の形で，自分の一日について言ったり書いたりすることができるようにしましょう。□

Leçon 19 の目標

1 sentir, partir, suivre, vivre, mettre, craindre, connaître, naître, boire, croire, prendre, falloir, pleuvoir, savoir, s'asseoir の直説法半過去形活用，現在分詞，過去分詞を覚えましょう。□　**2** 直説法複合過去形と半過去形のニュアンスに注意しましょう。□　**3** 直説法大過去形について，理解しましょう。□　**4** 目的語人称代名詞，中性代名詞の語順について理解しましょう。□

Leçon 20 の目標

1 pouvoir, vouloir, mourir, venir, tenir, devoir, recevoir, voir の直説法半過去形活用，現在分詞，過去分詞を覚えましょう。□　**2** 現在分詞とジェロンディフについて理解しましょう。□　**3** 受動態と受動的表現について理解しましょう。□　**4** ジェロンディフを用いた文章を理解し書くことができるようにしましょう。□

Leçon 16

1 近接過去

近接過去（〜したところだ）は，venir + de + 不定詞 の形で表現します。

Je **viens de** voir ma professeure.　　□比較：Viens me voir tout de suite !

EXERCICE ❶ 近接過去で自分の行動を言ってみましょう。

EXERCICE ❷ 次の会話に倣って，自分の立場でやり取りしてみましょう。CD₆₈

– Allô.
– Allô, je suis bien chez Monsieur Durand ?
– Oui, exactement. C'est de la part de qui ?
– Je m'appelle Jean Dupont, je suis un ami de Paul. Je voudrais lui parler. Est-ce qu'il est là ?
– Désolée, il vient de sortir.
– Je peux lui laisser un message ?
– Oui, bien sûr. Allez-y.

2 関係代名詞 (pronoms relatifs) qui, que, dont, où

1) 関係代名詞 qui は，先行詞が従属節の主語となる場合に用いられます。

　Tu connais **la dame** ?　**La dame** voit Paul.
　→ Tu connais **la dame qui** voit Paul ?

2) 関係代名詞 que は，先行詞が従属節の目的語となる場合に用いられます。

　Tu connais **la dame** ?　Paul voit **la dame** dans le bureau.
　→ Tu connais **la dame que** Paul voit dans le bureau ?

3) 関係代名詞 dont は，先行詞が前置詞 de を伴い従属節に関わる場合に用いられます。

　Je viens de voir **l'actrice**.　On parle beaucoup de **cette actrice**.
　→ Je viens de voir **l'actrice dont** on parle beaucoup.

4) 関係代名詞 où は，先行詞が従属節の場所や時を表す場合に用いられます。

　Tu connais **la ville** ?　Elle va aller **dans cette ville**.
　→ Tu connais la ville **où** elle va aller ?
　Tu connais **le jour** ?　Elle doit partir **ce jour-là**.
　→ Tu connais **le jour où** elle doit partir ?

EXERCICE ❸ 次の文の（　）内に適切な関係代名詞を入れてください。

1) C'est lui (　　) je viens de voir.　　　　□この文は**強調構文**です。
2) C'est lui (　　) vient me voir.　　　　　□この文は**強調構文**です。
3) Je vais au café (　　) j'ai rendez-vous avec mes amis.
4) L'appartement (　　) je parle donne sur la mer.
5) Ce (　　) n'est pas clair n'est pas français.　□これは**名詞節を作る関係代名詞**です。
6) Fais ce (　　) tu veux !　　　　　　　　□これは**名詞節を作る関係代名詞**です。

3 直説法半過去 (imparfait de l'indicatif)

直説法半過去形は**過去の継続的行為や状態**を表す過去形です。この過去形で表現された場合，出来事の始まりと終わりは意識されず，読み手や聞き手は過去の世界に誘われます。

1) 直説法半過去形の概念図

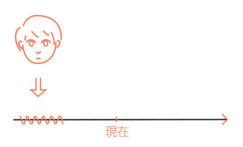

2) 直説法半過去形活用

現在分詞を作る語幹（おおむね直説法現在活用の nous の語幹）＋**直説法半過去形語尾**

─── aimer の直説法半過去形活用 ───

J'	aim**ais**	Nous	aim**ions**
Tu	aim**ais**	Vous	aim**iez**
Il / Elle	aim**ait**	Ils / Elles	aim**aient**

─── finir の直説法半過去形活用 ───

Je	finiss**ais**	Nous	finiss**ions**
Tu	finiss**ais**	Vous	finiss**iez**
Il / Elle	finiss**ait**	Ils / Elles	finiss**aient**

4 動詞の課題

aimer, finir, avoir, être, aller, faire の直説法半過去形活用，現在分詞，過去分詞を暗記しましょう。

☐ 現在分詞は，おおむね現在分詞を作る語幹に語尾 **ant**（例 aimant, finissant）を付けた形になります。現在分詞には avoir → **ayant**, être → **étant** などのような特殊なものもあります。

5 過去の情景描写

EXERCICE ④ 次の仏文の（ ）内の動詞を直説法半過去形にし，訳してみましょう。

Lorsque j'(avoir) six ans, j'(habiter) dans la banlieue de Dijon.　C'(être) un petit village.　Il y (avoir) des collines, des champs et des vignobles autour de ce village.　Près d'une rivière, il y (avoir) une petite maison où une petite fille (vivre) avec sa grand-mère.　J'(aller) souvent jouer avec elle.　Dans le jardin de cette maison, il y (avoir) un grand cerisier.　J'(aimer) jouer sous cet arbre.　Quand il (faire) beau, la grand-mère nous y (raconter) de vieux contes.　« Il (être) une fois, une princesse qui (demeurer) dans un château… »　J'(adorer) passer mes après-midis avec elles.　C'est un souvenir d'enfance inoubliable !　J'aimerais pouvoir y retourner.

EXERCICE ⑤ exercice 4 に倣って直説法半過去形を用い，自分の子供時代の描写をしてみましょう。

Leçon 17

1 動詞の課題

manger, commencer, envoyer, lever, appeler, ouvrir, offrir の直説法半過去形活用，現在分詞，過去分詞を暗記しましょう。

2 直説法複合過去 (passé composé de l'indicatif)

複合過去は，過去の一点で完了している動作や状態を表します。読み手や聞き手は過去の出来事の現在の結果に着目します。

1) 複合過去の概念図

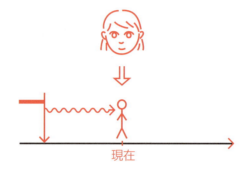

2) 直説法複合過去形の作り方

> 助動詞（avoir あるいは être）直説法現在活用 + 過去分詞

□ 過去分詞　aimer → **aimé**,　finir → **fini**,　avoir → **eu**,　être → **été**,
　　　　　　aller → **allé**,　faire → **fait**,　prendre → **pris**,　mettre → **mis**,
　　　　　　savoir → **su**,　dire → **dit**,　rendre → **rendu**,　etc.

3) 助動詞の選択

① 助動詞として être を取る動詞

(1) 往来・発着・生死の意味を表す自動詞

aller, venir, partir, arriver, entrer, sortir, passer, revenir, rentrer, retourner, rester, demeurer, monter, tomber, naître, mourir, décéder, etc.

Il **est allé** à Paris.　Mais elle **n'y est pas** encore **allée**.

(2) 代名動詞

Il **ne s'est pas levé** tôt.　Mais elle **s'est levée** tôt aujourd'hui.

□ 過去分詞は基本的に主語と性・数一致を起こします。

EXERCICE 1　次の会話を例にとり，自分の立場の答えを書き，応答してみましょう。

(□日付は，1日のみ le premier と書きその他の日は数字を書きます。)

Quand est ton anniversaire ?　　　– Je suis **né(e)** le premier août 1998.
　　　　　　　　　　　　　　　　– Je suis **né(e)** le 2 avril 1998.

EXERCICE ❷ 次の会話を例にとり，自分の立場の答えを書き，応答してみましょう。

– À quelle heure **t'es**-tu **levé(e)** aujourd'hui ? (Tu **t'es levé(e)** à quelle heure aujourd'hui ?)
– Je **me suis levé(e)** à 6 heures et demie.

EXERCICE ❸ 下の例に倣い，助動詞 être を取る動詞について，まず直説法現在形の簡単な文章を作り，直説法複合過去形に直してみましょう。次に，一人が口頭で直説法現在形の文を言い，もう一人が言われた言葉を素早く複合過去形で言う練習をしましょう。

例

Je reste chez moi. → Je suis resté(e) chez moi.	Je me réveille. → Je me suis réveillé(e).
Tu restes chez toi. → Tu es resté(e) chez toi.	Tu te réveilles. → Tu t'es réveillé(e).
Il reste chez lui. → Il est resté chez lui.	Il se réveille. → Il s'est réveillé
Elle reste chez elle. → Elle est restée chez elle.	Elle se réveille. → Elle s'est réveillée.
………	………

② être を取る動詞以外のすべての動詞は，助動詞として **avoir** を取ります。
　　□ この場合，過去分詞の性数一致は，基本的に起きません。

EXERCICE ❹ 次の会話を例にとり，自分たちの立場で質疑応答をしてください。

– Tu **as pris** ton petit déjeuner ? – Oui, je l'**ai pris**. (– Non, je **ne l'ai pas pris**.)
– Qu'est-ce que tu **as mangé** au petit déjeuner ?
　　　　　　　　　　　　　　　– J'**ai mangé** du pain avec du beurre et j'**ai bu** du café.

EXERCICE ❺ 下の例に倣い，助動詞 avoir を取る動詞について，まず直説法現在形の簡単な文章を作り，直説法複合過去形に直してみましょう。次に，一人が口頭で直説法現在形の文を言い，もう一人が言われた言葉を素早く複合過去形で言う練習をしましょう。

例

Je finis mes devoirs. → J'ai fini mes devoirs.	J'ouvre la porte. → J'ai ouvert la porte.
Tu finis tes devoirs. → Tu as fini tes devoirs.	Tu ouvres la porte. → Tu as ouvert la porte.
Il finit ses devoirs. → Il a fini ses devoirs.	Il ouvre la porte. → Il a ouvert la porte.
Elle finit ses devoirs. → Elle a fini ses devoirs.	Elle ouvre la porte. → Elle a ouvert la porte.
………	………

EXERCICE ❻ exercice 3 と exercice 5 で作った直説法現在形の文を選択して混ぜ，これまでと同じ練習をしましょう。言われた直説法現在形の文を素早く，avoir を取るか，être を取るか判断して複合過去形で言ってください。

Leçon 18

1 動詞の課題

courir, rire, rendre, descendre, conduire, lire, plaire, écrire, dire の直説法半過去形活用，現在分詞，過去分詞を暗記しましょう。

2 直説法複合過去形を作る時の注意（その1） □ 助動詞の選択に注意しましょう。

EXERCICE 1 下の仏文の（　）内の動詞を直説法複合過去形にしましょう。

1) Il (réserver) une chambre pour une nuit.
2) Il (arriver) à Paris hier.
3) Il (se promener) ce soir.
4) Il (rester) à Paris pendant 5 jours.
5) Il (partir) de Paris hier.
6) Il (quitter) Paris hier.
7) Il (passer) chez moi.
8) Il (passer) les vacances à Nice.
9) Il (tomber) dans la rue.
10) Il (marcher) toute la journée.

3 直説法複合過去形を作る時の注意（その2） □ 過去分詞の性数一致に注意しましょう。

助動詞 avoir を取る場合，過去分詞の性数一致は，基本的に起きませんが，直接目的補語が動詞の前に来る時，過去分詞は前に置かれた直接目的補語に性数一致します。

　　　Voici les livres.　Je **les ai lus** hier.　C'est **la fille** qu'il **a accompagnée** avant-hier.

助動詞 être を取る場合，過去分詞は基本的に，主語と性・数一致を起こしますが，代名動詞の再帰代名詞が間接目的補語である場合，過去分詞の性数一致は起きません。

　　　Elle **s'est levée** à 6 heures.　Et elle **s'est brossé** les dents.

EXERCICE 2 □ 過去分詞の性数一致に注意して，（　）内の動詞を複合過去形にしましょう。

1) Paul (acheter) une voiture.
2) Voilà la voiture qu'il (acheter).
3) Voilà sa voiture.　Il l'(acheter) il y a une semaine.
4) Elle (rentrer) chez elle.
5) Elle (se laver).
6) Elle (se laver) les mains.
7) Elle (se doucher).
8) Elles (se serrer) la main.

EXERCICE ③ CDを聞いてみましょう。ここでは週末に何をしたか複数の人が語っています。内容を理解するようにしましょう。次に，この会話を参考にして，ごく簡単に自分の話をしてみましょう。

EXERCICE ④ 下の例に倣い，自分の一日について書いてみましょう。

Je me suis levée à 7 heures et demie. Je me suis brossé les dents et je me suis maquillée. Ensuite, je me suis habillée. Je n'ai pas pris de petit déjeuner parce que je n'ai pas eu le temps. Je suis partie de chez moi vers 8 heures. J'ai couru pour ne pas manquer le train. Et heureusement je l'ai attrapé. De chez moi jusqu'à l'école, je mets à peu près une heure. Je suis arrivée à l'heure au premier cours. Après les deux cours du matin, j'ai déjeuné avec mes amies dehors sur un banc. Nous avons bavardé si longtemps que nous avons failli être en retard au troisième cours dont le professeur est très sévère. Il fait souvent pleurer ses étudiantes. Nous nous sommes donc dépêchées. Après le quatrième cours, j'ai participé à une activité en français organisée par des amis. Et puis, je suis allée à la bibliothèque, parce que j'ai beaucoup de choses à préparer pour les cours de mardi. Je suis revenue chez moi vers 10 heures. J'ai dîné seule. J'ai pris mon bain. Ensuite j'ai un peu travaillé. Et je me suis couchée à une heure. Je me suis endormie tout de suite.

Leçon 19

1 動詞の課題

sentir, partir, suivre, vivre, mettre, craindre, connaître, naître, boire, croire, prendre, falloir, pleuvoir, savoir, s'asseoir の直説法半過去形活用，現在分詞，過去分詞を暗記しましょう。

2 直説法半過去と直説法複合過去

EXERCICE ① （ ）内の動詞を過去形で表す時，複合過去にすべきか半過去にすべきか考えてみましょう。

1) Quand je (être) étudiant, je (habiter) à Paris.
2) De 1998 jusqu'à 2002, je (être) à Paris. Donc j'y (habiter) pendant 5 ans.
3) Quand je (arriver) chez elle, elle (jouer) du piano.
4) Je (retrouver) Elaine à la gare. Mais elle (passer) devant moi, sans me regarder, sans me dire un mot.
5) Tu sais ? Elle (mourir) il y a 2 ans. Ah ! Je ne le (savoir) pas !

EXERCICE ② 直説法半過去と直説法複合過去のニュアンスに注意して A. B. の文を訳してみましょう。

1) A. Il a plu hier. Les feuilles, les pavés, tout est mouillé. Il fait frais. Je sens l'arrivée de l'automne.
   B. Il pleuvait hier. Les feuilles, les pavés, tout était mouillé. Il faisait frais. J'ai senti l'arrivée de l'automne.
2) A. J'ai mangé à ce restaurant comme d'habitude.
   B. Quand j'habitais à Paris, je mangeais souvent à ce restaurant.
3) A. Elle est morte de tristesse.
   B. Elle mourait de tristesse.
4) A. Le voleur s'est enfui quand les policiers sont entrés dans la chambre.
   B. Le voleur s'enfuyait quand les policiers sont entrés dans la chambre.

3 直説法大過去 (plus-que-parfait de l'indicatif)

直説法大過去は，**過去の一点から見てさらに過去に起きた事象**を表します。

1) 直説法大過去の概念図

現在

2) 直説法大過去形の作り方

> 助動詞（avoir あるいは être）直説法半過去活用＋過去分詞

☐ 助動詞の選択と，性数一致の規則は，複合過去形と同じです。

Il m'a dit qu'elle était revenue du Japon.
Tout s'est passé comme il l'avait prévu.

EXERCICE ③ 次の動詞を大過去形にし，訳してみましょう。

1) Il m'a dit qu'elle (partir) il y a une semaine.
2) Quand je suis revenu chez moi, mes enfants (finir de dîner).
3) Ce matin, je suis resté tard au lit. Parce qu'il y (avoir) une soirée et que j'avais trop bu.
4) Mon père (prendre) le petit déjeuner et se promenait.

4 手紙を書く

Nice, le 7 mars 2017

Chère Françoise,

Ce matin, je suis arrivé à Nice. Il fait beau et doux. Mais on m'a dit que la saison des mimosas était déjà finie. C'est dommage. Aujourd'hui, j'ai visité le Musée Matisse et je me suis promené dans les rues et au bord de la mer. J'ai goûté la socca, une spécialité niçoise. C'était très bon. Et j'ai trouvé un bon restaurant de cuisine régionale. Ce soir, je vais y dîner. Je te ramène un petit cadeau de Nice.

Je t'embrasse.

Marc

EXERCICE ④ 上の例に倣って簡単な手紙を書いてみましょう。

5 目的語人称代名詞，中性代名詞の語順

me	le	lui		
te	la	leur	y	en
nous	les			
vous				

☐ 肯定命令文を除き，上の語順を取ります。肯定命令文では，動詞－直接目的語人称代名詞－間接目的語人称代名詞 の順になります。目的語人称代名詞を二つ取る場合は，25ページを参照してください。

EXERCICE ⑤ 下線部を適切な代名詞にして全文を書き改めてください。

1) Vous donnez <u>ce livre</u> <u>à elle</u>.
2) Donnez-vous <u>ce livre</u> <u>à elle</u> ?
3) Vous ne donnez pas <u>ce livre</u> <u>à elle</u>.
4) Ne donnez pas <u>ce livre</u> <u>à elle</u> !
5) Donnez <u>ce livre</u> <u>à elle</u>.
6) Vous avez donné <u>ce livre</u> <u>à elle</u>.
7) Vous pouvez donner <u>ce livre</u> <u>à elle</u>.
8) Il y a encore <u>du vin</u>.

Leçon 20

1 動詞の課題

pouvoir, vouloir, mourir, venir, tenir, devoir, recevoir, voir の直説法半過去形活用，現在分詞，過去分詞を暗記しましょう。

2 現在分詞 (participe présent) とジェロンディフ (gérondif)

1) 形容詞的用法

J'ai vu des petites filles **souriantes**.
比較：J'ai vu des petites filles **souriant à leur maîtresse**.

2) 副詞的用法（同時性，原因，条件，対立 などを表します）

Il marchait dans la rue, **pensant à Marie**.
Pensant à Marie, il l'a appelée.
Il peut, **pensant à Marie**, la contacter par Internet.
Pensant à Marie, il s'est mis en colère, parce qu'ils s'étaient disputés.

3) ジェロンディフ

en + ～ant = 副詞的用法（同時性，原因，条件，対立 などを表します）

Il travaillait **en écoutant de la musique**.
Il a réussi son examen **en faisant beaucoup d'effort**.
En se levant plus tôt, il arrivera à l'heure en cours.
Tout en ayant envie d'aller en France, il doit rester au Japon pour étudier.

□ ジェロンディフの主語は，原則として主動詞の主語となります。

J'ai vu Paul en descendant dans la rue.
比較：J'ai vu Paul descendant dans la rue.

EXERCICE ① 上のジェロンディフの例文に倣って，自分たちで文を作ってみましょう。

EXERCICE ② このユニットで学んだ表現を用いて，親しい人の一日を描写してみましょう。CD78

Le matin
En chantant des chansons, maman faisait la vaisselle. Papa faisait la lessive en écoutant de la musique.

Le midi
Papa et maman se sont disputés en déjeunant. À la fin du repas, ils se sont réconciliés en buvant le café.

L'après-midi
Papa faisait du jardinage en parlant avec quelqu'un. Et maman est partie promener notre chien en sifflant.

Le soir
Maman préparait le dîner en regardant la télé. Papa écrivait en fumant dans son bureau.
Papa et maman regardaient le match de football à la télé en criant « Allez ! Allez ! ».
À minuit
En mettant le réveil, maman a pu s'endormir sans souci. Papa s'est brossé les dents en écoutant les informations à la radio.
Bonne nuit.

3 受動態 (passif)

1) 受動態の作り方

　　être ＋ 過去分詞 ＋（par あるいは de）～

Elle **est** bien **reçue par** sa famille d'accueil.
Elle **est aimée de** tout le monde. Elle **est aimée de** Paul.

- ① 受動態の過去分詞は，主語に性数一致します。
- ② 受動態の動作主は，前置詞 **par** か **de** で表されます。par は行為が一時的な時，de は行為が恒常的である場合に用いられます。
- ③ 受動態の過去形は以下のようになります。

Elle **a été aimée** de ses élèves.
Elle **était aimée** de ses élèves.
Il a dit qu'elle **avait été aimée** de ses élèves.

EXERCICE ③ 下の（ ）内の動詞を受動態にした後，複合過去形にしてください。

1) Elle (obliger) de quitter son poste.　　2) Elle (écraser) par une voiture.
3) Elle (hospitaliser) pendant une semaine.
4) Cette ville (détruire) par les bombardements.

2) 次のような能動態の文を受動態にすることはできません。

Elle a donné un livre à Paul. → × Paul est donné un livre par elle.

3) 受動態のほかに受動的意味を表す表現があります。

- ① **se faire** を用いる場合　　→ Il s'est fait voler son portefeuille.
- ② **on** を用いる表現　　→ Au Japon, on utilise des baguettes pour manger.
- ③ 代名動詞で，主語が「物」である場合
　　→ Ce mot s'emploie depuis le 20ème siècle.

EXERCICE ④ CD を聞いてください。会話の出来事を要約してみましょう。

Unité 5 未来のことを言う・条件法・接続法・関係代名詞

Leçon 21 の目標

1 直説法現在で表す未来のニュアンスを理解しましょう。☐ **2** 近接未来の表現を理解しましょう。☐ **3** 直説法単純未来について理解しましょう。☐ **4** aimer, finir, avoir, être, aller, faire の直説法単純未来形活用，条件法現在形活用を覚えましょう。☐ **5** 条件法現在の基本的な用法を理解しましょう。☐

Leçon 22 の目標

1 manger, commencer, envoyer, lever, appeler, ouvrir, offrir, courir, rire, rendre, descendre, conduire, lire, plaire, écrire, dire, sentir, partir, suivre, vivre, mettre, craindre, connaître, naître, boire, croire, prendre の直説法単純未来形活用と条件法現在形活用を覚えましょう。☐ **2** 列車やホテルの予約をできるようにしましょう。☐ **3** これまでに出てきた表現を用いた基本的なフランス語を聞いて，内容を理解できるようにしましょう。☐ **4** 直説法前未来について理解しましょう。☐

Leçon 23 の目標

1 falloir, pleuvoir, savoir, s'asseoir, pouvoir, vouloir, mourir, venir, tenir, devoir, recevoir, voir の直説法単純未来形活用と条件法現在形活用を覚えましょう。☐ **2** 条件法過去について理解しましょう。☐ **3** 条件を表す接続詞 si の用法を理解しましょう。☐ **4** 所有代名詞について理解しましょう。☐ **5** 基本的な表現で伝えられた場合，何が問題なのか，おおよそのことが理解できるようにしましょう。☐

Leçon 24 の目標

1 接続法現在形の用法を理解しましょう。☐ **2** aimer, finir, avoir, être, aller, faire, boire, croire, prendre, falloir, pleuvoir, savoir, s'asseoir, pouvoir, vouloir, mourir, venir, tenir, devoir, recevoir, voir の接続法現在形活用を覚えましょう。☐ **3** 間接疑問文を理解しましょう。☐ **4** 間接話法を作る際の注意点を理解しましょう。☐ **5** 一定のまとまった内容が書かれたフランス語を理解できるようにしましょう。☐

Leçon 21

1 未来を表す直説法現在

直説法現在形で，近い未来や確実な未来を表すことができます。

> J'arrive !
> Je reviens tout de suite.
> Mesdames et messieurs, nous arrivons à Arles dans quelques minutes.

2 近接未来の表現

aller + 不定詞 で近い未来，あるいは「～しに行く」の意味になります。

> Je **vais chercher** ce mot dans mon dictionnaire.
> 　比較：Je vais chercher ma mère à la gare.

EXERCICE 1 下の例に倣い，**Unité 4** に出てきた表現を用いて近接未来の文章を作り，答えてみましょう。

– Qu'est-ce que tu vas faire maintenant ?
– Je vais regarder le match de football à la télé.

3 直説法単純未来 (futur simple de l'indicatif)

□ 未来の可能性，意思などを表します。直説法単純未来形の活用は以下のようにして作ります。

直説法単純未来の語幹 ＋ 未来語尾　　～ rai　　～ rons
　　　　　　　　　　　　　　　　　　 ～ ras　　～ rez
　　　　　　　　　　　　　　　　　　 ～ ra　　 ～ ront

──── aimer の直説法単純未来形活用 ────

J'	aime**rai**	Nous	aime**rons**
Tu	aime**ras**	Vous	aime**rez**
Il / Elle	aime**ra**	Ils / Elles	aime**ront**

──── finir の直説法単純未来形活用 ────

Je	fini**rai**	Nous	fini**rons**
Tu	fini**ras**	Vous	fini**rez**
Il / Elle	fini**ra**	Ils / Elles	fini**ront**

Je t'accompagnerai à la gare.　　Je finirai mes devoirs.

□ 注意：主語が二人称 (tu, vous) の時，未来形は，語調によって軽い命令・依頼や絶対的命令を表す場合があります。

> Vous mettrez ce colis sur mon bureau dès qu'il arrivera.
> Tu ne tueras point. Tu ne voleras pas. Tu ne mentiras pas.

4 動詞の課題

aimer, finir, avoir, être, aller, faire の直説法単純未来形活用と条件法現在形活用を暗記しましょう。条件法現在形については，5 の説明を参照してください。

EXERCICE 2 下の例に倣い，直説法現在形の文を作り，直説法単純未来形に言い直す練習をしましょう。

Je suis à Paris. → Je serai à Paris demain.　　Je vais à Paris → J'irai à Paris demain.

5 条件法現在 (présent du conditionnel)

1) 条件法現在形の活用は以下のようにして作ります。

直説法単純未来の語幹 ＋ 条件法現在形語尾　　～rais　　～rions
　　　　　　　　　　　　　　　　　　　　　　～rais　　～riez
　　　　　　　　　　　　　　　　　　　　　　～rait　　～raient

──── aimer の条件法現在形活用 ────

J'	aimerais	Nous	aimerions
Tu	aimerais	Vous	aimeriez
Il / Elle	aimerait	Ils / Elles	aimeraient

──── finir の条件法現在形活用 ────

Je	finirais	Nous	finirions
Tu	finirais	Vous	finiriez
Il / Elle	finirait	Ils / Elles	finiraient

2) 条件法現在は，以下のように用いられます。

① 現在の事実に反する仮定（もし～なら）に対し，（～だろう）の意味で用いられます。

Si ＋ 直説法半過去形, 主語 ＋ 条件法現在形

S'il **faisait** beau aujourd'hui, je **sortirais**.

比較：Sans son aide, il ne pourrait rien faire.

② 単独で用いられ，語気を和らげるなど，さまざまなニュアンスを持ちます。

Je **voudrais** réserver une chambre dans un hôtel pour une nuit.

J'**aimerais** visiter les châteaux de la Loire.

Pourriez-vous me rendre visite plus souvent ?

D'après la météo, il **devrait** faire mauvais demain.

EXERCICE ❸ 下の例に倣い，グループで，Si で始まる仮定の文を作り，それに対する帰結の文を作って，言い合ってみましょう。

S'il faisait beau aujourd'hui,	je ferais une randonnée.
Si j'avais beaucoup d'argent,	je voyagerais dans le monde entier.
Si j'étais président,	je te nommerais premier ministre.
Si elle m'aimait,	je serais très heureux.

Leçon 22

1 動詞の課題

manger, commencer, envoyer, lever, appeler, ouvrir, offrir, courir, rire, rendre, descendre, conduire, lire, plaire, écrire, dire, sentir, partir, suivre, vivre, mettre, craindre, connaître, naître, boire, croire, prendre の直説法単純未来形活用と条件法現在形活用を暗記しましょう。

□ 特殊な語幹を取るものは，envoyer, lever, appeler, courir のみです。

2 予約をする

A – Je voudrais faire une réservation de TGV, s'il vous plaît. Je pars demain matin pour Marseille. Et je voudrais arriver avant midi.

B – Pour arriver avant midi, vous avez le train qui partira à 8 heures 10. Vous arriverez à 11 heures 15. Sinon, il y a celui de 8 heures 45 : vous arriverez à 11 heures 52. Lequel choisissez-vous ?

A – Je préfère celui de 8 heures 45.

B – Vous êtes combien de personnes ?

A – Nous sommes deux.

B – Première ou seconde ?

A – Seconde.

B – Aller simple ou aller-retour ?

A – Aller-retour.

B – Et vous revenez quand ?

A – Nous reviendrons dans trois jours, c'est-à-dire, samedi prochain, le 17. Je voudrais un train l'après-midi, vers 4(16) heures.

B – Si vous prenez le train de 5(17) heures 10, il y a une réduction de 25 pour cent.

A – Très bien. Je prends celui-là.

B – Vous avez un hôtel là-bas ?

A – Non, pas encore.

B – Si vous voulez, vous pouvez faire une réservation.

A – Alors, je voudrais réserver une chambre avec salle de bain et toilettes, pas loin de la gare.

B – Pour 2 nuits ?

A – Oui, c'est ça.

B – Vous avez une chambre à 120 euros par nuit.

A – C'est trop cher. Vous n'avez rien d'autre comme prix ?

B – Si vous voulez, il y a une chambre moins chère … à 90 euros … mais c'est avec douche et toilettes. Ça vous va ?

A – Oui. Très bien. Je la prends.

EXERCICE ① 左の例文の CD を聞いて，その内容について質問に答えてみましょう。

1) La cliente va où ?
2) Elle part quand ?
3) À quelle heure prend-elle le train ?
4) À quelle heure arrive-t-elle ?
5) Est-ce qu'elle voyage seule ?
6) Elle achète des billets « aller simple » ?
7) Elle revient quand ?
8) Pourquoi a-t-elle choisi un autre train pour le retour ?
9) Quand elle est venue acheter ses billets, est-ce qu'elle avait déjà réservé une chambre dans un hôtel ?
10) Quel type de chambre veut-elle réserver en premier ?
11) La chambre qu'elle a réservée est comment ?

EXERCICE ② CD に倣って，どこに旅行するか決め，そこまでの列車と宿泊先を予約する会話を作り，実演してみましょう。

3 直説法前未来 (futur antérieur de l'indicatif)

直説法前未来形は，未来のある時点ですでに完了しているであろう動作を表します。また，過去の推測を表す場合もあります。

1) 直説法前未来の概念図

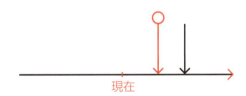

現在

2) 直説法前未来形の作り方

助動詞（avoir あるいは être）直説法単純未来形活用 ＋ 過去分詞

□ 助動詞の選択と，性数一致の規則は，複合過去形と同じです。

Quand il viendra chez moi, j'**aurai fini** mes devoirs.
Dans trois jours, j'**aurai terminé** ce travail.
Il m'en voulait. Il y **aura eu** un malentendu !

EXERCICE ③ CD を聞いて，何が起きたのか，何が問題なのかフランス語で言ってみましょう。

Leçon 23

1 動詞の課題

falloir, pleuvoir, savoir, s'asseoir, pouvoir, vouloir, mourir, venir, tenir, devoir, recevoir, voir
の直説法単純未来形活用と条件法現在形活用を暗記しましょう。

2 条件法過去 (passé du conditionnel)

1) 条件法過去形は，以下のようにして作ります。

> 助動詞 （avoir あるいは être）条件法現在形活用 + 過去分詞

□ 助動詞の選択と，性数一致の規則は，複合過去形と同じです。

2) 条件法過去は以下のように用いられます。

① 過去の事実に反する仮定（もし〜であったら）に対し，(〜しただろうに) の意味で用いられます。

> Si + 直説法大過去形，主語 + 条件法過去形

S'il **avait fait** beau hier, je **serais sorti**.
Sans ton conseil, je n'**aurais** pas **trouvé** la solution.
En y repensant, je **serais** bien **allé** avec toi.

② 次のような表現で，遺憾や後悔の念を表します。

Tu **aurais dû** lui dire la vérité.
Tu **aurais pu** me répondre plus vite.
J'**aurais voulu** rester plus longtemps en France.

EXERCICE 1 下の例に倣い，過去の事実に反する仮定の文を作り，それに対する帰結の文を作って，言い合ってみましょう。

S'il avait fait beau hier, qu'est-ce que tu aurais fait ? – J'aurais fait une randonnée.
Si tu avais été libre hier, qu'est-ce que tu aurais fait ? – Je serais allé(e) au cinéma.
Si tu avais eu beaucoup d'argent à ce moment-là, qu'est-ce que tu aurais fait ?
　　　　　　　　　　　　　　　　　　　　　　　　　　 – Je serais allé(e) en France.
Si tu étais allé(e) en France, qu'est-ce que tu aurais fait ? – J'aurais étudié le cinéma.
Si tu avais été à ma place, qu'est-ce que tu aurais fait ? – J'aurais fait comme toi.

3 接続詞 Si の表現

□ 以下の文章の意味を考えてみましょう。

S'il avait fait beau hier, je serais sorti.
S'il faisait beau aujourd'hui, je sortirais.
S'il fait beau demain, je sortirai.
Si on pouvait sortir !
Si on sortait ?
Si tu t'en allais !

EXERCICE 2 下の例に倣って何かを提案し、それに対し同意するか、断る会話をしてみましょう。

1) – On va au cinéma ce soir ?   – Pourquoi pas.
   Ça te dit ?   – Désolé, je n'ai pas le temps ce soir.
2) – Si on allait ensemble à la soirée ?   – Avec plaisir.
   – Désolé, j'arriverai plus tard.
3) – Comme il fait chaud ! Ça te dirait   – C'est une bonne idée ! Je veux bien !
   d'aller boire un verre ?   – Non, merci. Je dois rentrer à la maison.
4) – Je peux reporter notre rendez-vous   – Pas de problème.
   à après-demain ?   – Après-demain ? Ce n'est pas possible.
      Mais dans trois jours ? Ça vous va ?

4 所有代名詞 (pronoms possessifs)

所有代名詞は、(〜のもの) という意味を表し、所有形容詞＋名詞に代わります。指し示すものが、男性名詞か女性名詞、単数形か複数形かに応じて次のような形になります。

	男性単数	女性単数	男性複数	女性複数
私のもの	le mien	la mienne	les miens	les miennes
君のもの	le tien	la tienne	les tiens	les tiennes
彼・彼女のもの	le sien	la sienne	les siens	les siennes
わたしたちのもの	le nôtre	la nôtre	les nôtres	les nôtres
あなた・あなたたちのもの	le vôtre	la vôtre	les vôtres	les vôtres
彼ら・彼女らのもの	le leur	la leur	les leurs	les leurs

Tu me prêtes ton portable ? **Le mien** ne marche pas. La batterie est épuisée.
Ma voiture est trop petite pour 4 personnes. Est-ce que nous pouvons prendre la **tienne** ?
Ma fille et **les siennes** vont à la même école.
À la vôtre ! (À la tienne ! À la nôtre !)

EXERCICE 3 CD の会話を聞いて以下の質問に答えてみましょう。

Questions
1) De quoi s'agit-il dans cette discussion ?
2) Quel est leur problème ?
3) Qu'est-ce qu'ils ont décidé ?

EXERCICE 4 exercice 3 に倣って、何をするか話し合ってみましょう。

Leçon 24

1 接続法現在 (présent du subjonctif)

1) 接続法現在形の活用は以下のようにして作ります。

接続法現在の語幹（おおむね直説法現在活用の ils の語幹）＋ 接続法現在語尾

aimer の接続法現在形活用

Que j'	aime	Que nous	aimions
Que tu	aimes	Que vous	aimiez
Qu'il / elle	aime	Qu'ils / elles	aiment

finir の接続法現在形活用

Que je	finisse	Que nous	finissions
Que tu	finisses	Que vous	finissiez
Qu'il / elle	finisse	Qu'ils / elles	finissent

être の接続法現在形活用

Que je	sois	Que nous	soyons
Que tu	sois	Que vous	soyez
Qu'il / elle	soit	Qu'ils / elles	soient

avoir の接続法現在形活用

Que j'	aie	Que nous	ayons
Que tu	aies	Que vous	ayez
Qu'il / elle	ait	Qu'ils / elles	aient

2) 接続法は，おおむね従属節で用いられ，主観的で仮想的な動作や状態を表します．接続法現在形は，以下のように用いられます．

① craindre, avoir peur, regretter, douter, ignorer, vouloir, souhaiter, être heureux, ordonner など，主観的な感情（危惧，疑念，怖れ，否定，願望，命令）を表す動詞の従属節で用いられます．

> Je crains qu'il (ne)* **soit** malade.
>
> *この ne は「虚辞の ne」といい，否定の意味はありません．書き言葉で現れることがあり，従属節で半ば否定の含意がある一部の表現に現れます．この文章の場合，Je veux qu'il ne soit pas malade. の気持ちが隠れています．

> Je veux qu'il **réussisse**.　　　　比較：J'espère qu'il réussira.

② 一部の非人称表現の従属節で用いられます．

> Il faut que tu **partes** tout de suite.
> Il est possible qu'elle ne **vienne** pas ce soir.

③ 意見や確実性を表す表現が，否定文であった場合，不確実性を表す従属節で用いられます．

> Je ne crois pas qu'elle **soit** heureuse.

④ pour que, afin que, avant que, jusqu'à ce que, bien que などの接続詞句で用いられます．

> Je répète pour que tu **te rendes** compte.
> Bien qu'il **soit** malade, il veut voyager.

⑤ その他，次のような文に用いられます．

> Je cherche quelqu'un qui **puisse** m'aider.
> Il est la seule personne qui **connaisse** la vérité.
> **Vive** la paix !

2 動詞の課題

aimer, finir, avoir, être, aller, faire, boire, croire, prendre, falloir, pleuvoir, savoir, s'asseoir, pouvoir, vouloir, mourir, venir, tenir, devoir, recevoir, voir の接続法現在形活用を暗記しましょう。

EXERCICE ① 例に倣って，これまで学習した動詞を用いて直説法現在形で簡単なフランス語の文章 A を作り，これを，Je veux que 〜 , Il faut que 〜 . の二つの構文の内，適切と思われるものを選んで従属節で述べる文章 B を作りましょう。さらに，口頭で A を B に言い換える練習をしましょう。

例 1) A. Elle est contente. → B. Je veux qu'elle soit contente.
2) A. Tu finis tes devoirs. → B. Il faut que tu finisses tes devoirs.
3) A. Vous prenez le petit déjeuner. → B. Il faut que vous preniez le petit déjeuner.
4) A. Elle vient ce soir. → B. Je veux qu'elle vienne ce soir.

3 間接疑問文

様々な疑問文を次のように従属節で言う場合，以下のような形になります。

Tu pars ?	→ Dis-moi **si** tu pars.
Où habites-tu ?	→ Dis-moi **où** tu habites.
Qui est là ?	→ Dis-moi **qui** est là.
Qu'est-ce qui s'est passé ?	→ Dis-moi **ce qui** s'est passé.
Qui cherches-tu ?	→ Dis-moi **qui** tu cherches.
Que cherches-tu ?	→ Dis-moi **ce que** tu cherches.
Qui est-ce ?	→ Dis-moi **qui** c'est.
Qu'est-ce que c'est ?	→ Dis-moi **ce que** c'est.
De qui parles-tu ?	→ Dis-moi **de qui** tu parles.
De quoi parles-tu ?	→ Dis-moi **de quoi** tu parles.

EXERCICE ② 上の例文に倣い，言われた疑問文を素早く間接疑問文にする練習をしましょう。

4 直接話法と間接話法

1) ある人の言葉や考えを，語られた通り伝えるのが直接話法。第三者によって従属節を用いて伝えられる文章を間接話法と言います。従属節の人称に注意しましょう。

　　Il dit : « Je voudrais aller en France. »　　Il dit qu'il voudrait aller en France.

2) 主文が過去時制である時，間接話法では，従属節の人称，時制，時と場所の副詞などに注意する必要があります。

　　Il m'a dit : « Je pars de Paris aujourd'hui. »
　　　　　　　　　　　　→ Il m'a dit qu'**il partait** de Paris **ce jour-là**.
　　Il m'a dit : « Je partirai de Paris demain. »
　　　　　　　　　　　　→ Il m'a dit qu'**il partirait** de Paris **le lendemain**.
　　Il m'a dit : « Je suis parti de Paris hier. »
　　　　　　　　　　　　→ Il m'a dit qu'**il était parti** de Paris **la veille**.

EXERCICE ③ CD で聞いたフランス語の内容を要約し，それについてどう考えるか話し合ってみましょう。

CD 聞き取り教材

Leçon 5

CD29 EXERCICE 5

1) J'ai deux enfants.
2) Douze euros, s'il vous plaît.
3) J'ai dix-neuf ans.
4) Je voudrais cinq croissants.
5) Dans la salle, il y a seize étudiants.

Leçon 8

CD41 EXERCICE 6

Tu t'appelles comment ?	– Je m'appelle Paul.
Tu as quel âge ?	– J'ai vingt-et-un ans.
Tu es étudiant ?	– Oui, je suis étudiant.
Qu'est-ce que tu étudies ?	– J'étudie la littérature japonaise.
Tu parles japonais ?	– Je parle japonais et anglais.
Tu habites où ?	– J'habite à Paris.
Qu'est-ce que tu aimes ?	– J'aime voyager.
Tu n'aimes pas le sport ?	– Si, j'aime le sport.
Tu as des frères et sœurs ?	– J'ai une sœur.
Ta sœur, qu'est-ce qu'elle fait ?	– Elle travaille dans un magasin.
Merci.	– Je vous en prie.

Leçon 10

CD47 EXERCICE 3

1) Tu connais Madame Durand ?
2) Non, je ne la connais pas.
3) Tiens ! La voilà ! Je te la présente.
4) Bonjour Madame. Je vous présente mon ami, Nicolas.
5) Je suis très heureux de vous rencontrer.
6) Moi aussi, très heureuse. Vous êtes le meilleur ami de Paul, n'est-ce pas ?
7) Il aime les dessins animés japonais. Il a plus de mangas que moi. Aujourd'hui, il va me les montrer.
8) Bon, je vous laisse. J'ai une réunion à organiser. Au revoir.

Leçon 11

CD54 EXERCICE 5

Petite-fille : Bonjour, grand-mère. Comment vas-tu ?
Grand-mère : Je vais bien mieux. Je me sens bien. Quel temps fait-il ?
Petite-fille : (La petite-fille ouvre les rideaux.) Il fait …

Grand-mère : Quel beau temps ! Dis-moi, aujourd'hui, nous sommes le combien ?
Petite-fille : Nous sommes le 17.
Grand-mère : Quel jour sommes-nous ?
Petite-fille : Nous sommes jeudi. Aujourd'hui, il y a le marché sur l'avenue de la Violette. Tu veux sortir ?
Grand-mère : Qu'est-ce qu'on va acheter ?
Petite-fille : On n'a pas de pain. On n'a plus de vin. On n'a qu'un peu de fromage et quelques légumes. On a beaucoup de choses à acheter.
Grand-mère : Bon. D'accord. Allons faire des courses. Quelle heure est-il maintenant ?
Petite-fille : Il est huit heures et demie. D'abord, je vais faire le ménage. Et on y va dans une heure.

Leçon 12

CD₅₇ **EXERCICE 3**

Pâtissier-boulanger : Bonjour, Madame. Qu'est ce que vous désirez ?
Madame : Bonjour, Monsieur. Je voudrais une baguette et deux croissants, s'il vous plaît.
Pâtissier-boulanger : Aujourd'hui, les croissants sont en promotion. Le troisième est gratuit.
Madame : Eh bien. Je vais prendre trois croissants.
Pâtissier-boulanger : Et avec ça, Madame ?
Madame : Donnez-moi un pain au chocolat.
Pâtissier-boulanger : C'est tout ?
Madame : Oui, c'est tout. Ça fait combien ?
Pâtissier-boulanger : Trois euros quatre-vingt-cinq, s'il vous plaît.
Madame : Je suis désolée, je n'ai qu'un billet de vingt euros. Je n'ai pas de monnaie.
Pâtissier-boulanger : Ça ne fait rien, Madame.

Leçon 15

CD₆₅ **EXERCICE 4**

Médecin : Qu'est-ce qui ne va pas ?
Malade : J'ai mal à la gorge. J'ai 38.
Médecin : Vous avez de l'appétit ?
Malade : Non, je n'ai pas d'appétit.
Médecin : Bon. Je vais vous faire une ordonnance. Prenez ces médicaments après les repas pendant 5 jours.
Malade : Merci docteur. Je vous dois combien ?

CD₆₇ **EXERCICE 6**

A : Qu'est-ce que tu fais maintenant ?
B : Je range des photos.

A : Des photos de quoi ?
A : De ma famille.
B : Tu ressembles à ton père. Tu tiens de lui les yeux et le nez.
A : Mais je tiens de ma mère le front et les cheveux.

Leçon 18

EXERCICE 3

A : Racontez-moi : comment avez-vous passé ce week-end ?
B : J'ai regardé le match de football à la télé. L'équipe de Marseille a gagné. J'étais contente.
C : Je suis allé au cinéma avec mes amis. Nous avons vu le dernier film de Miyazaki. C'était très bien. Et après, nous sommes allés au café et nous avons discuté de ce film.
D : Le samedi, il faisait beau. C'était agréable. Moi, j'ai fait une randonnée à bicyclette jusqu'au lac. J'en ai aussi fait le tour. Là-bas, j'ai trouvé une petite église du Moyen-Âge. Je me suis reposée dedans. Et puis, je suis montée en haut d'une colline. Le paysage était magnifique. J'étais très contente, et en même temps, très fatiguée.
E : Je suis allé en mer pour pêcher. Je me suis levé tôt. Je suis parti tôt de chez moi en voiture. Je suis arrivé à la plage vers 6 heures. J'ai rencontré mon ancienne collègue du bureau. Nous sommes restés là-bas jusqu'à 11 heures. Nous nous sommes un peu promenés, et nous avons beaucoup bavardé. Nous avons pêché pas mal de poissons. Alors, nous avons décidé de les cuisiner et de les manger ensemble chez moi. Nous en avons fait griller quelques uns. C'était délicieux. Voilà la photo des poissons que nous avons pêchés.
A : Et toi ? Qu'est-ce que tu as fait ?
F : Qu'est-ce que j'ai fait ? J'ai oublié... Attends... Ah ! Oui ! Il y a 3 jours, vendredi, j'ai travaillé jusqu'à 17 heures. Et après, j'ai regardé la télé. Le samedi, c'est-à-dire avant-hier..., je suis allé chez le coiffeur. Et le dimanche... euh... je n'ai rien fait. Je suis resté à la maison toute la journée.

Leçon 20

EXERCICE 4

un homme : Madame ! Je me suis fait voler ma serviette.
Policière : Ça s'est passé comment, où et quand ?
un homme : C'était vers 10 heures. J'étais sur l'escalator de la station du Trocadéro : un homme a laissé tomber quelque chose. Et il a essayé de le ramasser. Ça a détourné mon attention. Et c'est à ce moment-là qu'un autre m'a arraché ma serviette en me dépassant.
Policière : Les voleurs étaient comment ? Vous vous en souvenez ?
un homme : L'un est grand, brun et mince. L'autre, je ne sais pas.
Policière : Qu'est-ce qu'il y a dans votre serviette ?

un homme : Dans ma serviette, il y a mon permis de conduire, mon portefeuille, mes cartes bancaires et mes papiers.
Policière : Ces voleurs ont été arrêtés à la gare Montparnasse. Ils ont réessayé de voler. Mais cette fois-ci, la victime était un spécialiste d'Aikido. C'est lui qui les a stoppés. Et nous avons retrouvé votre serviette dans leur voiture !

Leçon 22

EXERCICE 3

1) – Prochain arrêt, Poincaré.
   – Je ne connais pas cet arrêt ! Nous avons dû nous tromper de direction !
2) – N'oubliez pas de composter votre billet avant de monter dans le train.
   – Mais ce composteur est en panne. Nous n'avons pas le temps d'en chercher un autre. J'irai expliquer au contrôleur, quand nous serons montés dans le train.
3) – Le train pour Bordeaux part de la voie 4.
   – Paul est allé acheter un sandwich et il n'est toujours pas là ! Il va revenir et le train sera parti !
4) – Votre attention s'il vous plaît, le train va entrer en gare. Veuillez reculer derrière la ligne jaune.
   – Ah ! Notre voiture est loin ! Quand nous y arriverons, l'espace bagages sera certainement déjà complet.
5) – Le TGV numéro 8255 en provenance de Bruxelles, à destination de Dijon et Lausanne, sera en retard d'une heure.
   – J'arriverai tard. Donc, dîne sans moi. Je mangerai dans le train. Je t'appellerai quand je serai arrivé à la gare.
6) – Annonce de la SNCF : En raison d'une grève demain, il y aura des retards de train.
   – Quoi ! Encore une grève ! C'est pas possible ! Je vais devoir me lever très tôt et aller au bureau à pied … Encore !

Leçon 23

EXERCICE 3

A : Qu'est-ce qu'on fait pour la prochaine activité de français ? Vous avez une idée ?
B : Moi, je suis toujours d'accord pour regarder un film français.
C : Ah non ! Moi, je suis contre. On a déjà fait ça trois fois. Ça suffit !
D : Moi aussi, je suis contre. Parce qu'on regarde le film et c'est tout. On ne parle jamais français.
C : À mon avis, il faudrait parler plus français.
B : Bon. D'accord. Mais qu'est-ce qu'on peut faire à part les films pour parler beaucoup français ?
A : On pourrait parler avec des étudiants français ! Dans l'autre université, il y en a quelques uns, mais dans la nôtre, il n'y en a aucun.
C : Et, si nous cherchions des amis français ailleurs ?
B : C'est une bonne idée. Mais comment en trouverons-nous ?

D : Vous savez, il y a une école de japonais à Tokyo. Nous pourrions y rencontrer quelques Français. Et on pourrait les inviter à une soirée.
A : Je suis pour.
B et C : Nous aussi.
A, B, C et D : C'est décidé !

Voilà vous avez terminé toutes les leçons de ce manuel. Je vous félicite. Je souhaite que vous compreniez bien la base de cette langue et que vous vous intéressiez à la culture française. Je voudrais aussi que ce manuel vous donne l'envie d'aller en France et dans les pays de la francophonie.

Moi même, quand j'étais jeune, j'ai eu l'occasion d'habiter dans une ville du Midi. J'ai adoré la vie provençale avec son ciel bleu et le beau paysage du Mont Sainte Victoire. Et j'y ai rencontré beaucoup de gens. J'ai loué une chambre d'une grande maison dont la propriétaire était une vieille dame de 90 ans. Elle m'a raconté son histoire pendant la Première Guerre mondiale ! Et celle de son fils qui avait participé à la Bataille de Normandie lors de la Seconde Guerre mondiale. Et puis, j'ai rencontré des exilés qui étaient venus du Laos et du Cambodge qui avaient fui leur pays à cause de la guerre. L'un d'eux m'a dit qu'il avait envie de rentrer dans son pays, mais qu'il ne le pourrait pas. Je n'ai pas su comment le dire, mais j'ai ressenti beaucoup de peine pour lui. Et cela m'a fait comprendre la réalité du monde.

J'aimais aussi bavarder avec les gens autour de moi, surtout avec une bonne de la maison. Elle me demandait toujours comment j'avais passé ma journée. Après avoir écouté mon histoire, elle me répondait toujours que c'était bien. Et c'est d'elle que je tiens mon accent provençal.

Bien sûr, il n'y a pas toujours eu que des bonnes choses durant mon séjour. Je me suis fait voler. Je me suis mis en colère. J'ai eu des moments d'irritation contre la façon de pensée française si différente de la nôtre. J'ai été victime de paroles racistes. Mais je crois que ces épreuves m'ont rendu plus fort.

En France, j'avais l'impression que l'on me posait toujours des questions sur mon identité. « Pourquoi agis-tu et penses-tu comme ça ? », « Qu'est-ce que c'est le Japon et les Japonais ? », « Quelle est la différence entre les Français et les Japonais ? » … Mais je ne savais pas comment répondre à ces questions. Et je me suis aperçu combien je ne savais pas ce que j'étais.

Si je n'avais pas appris le français, si je n'avais pas été en France, j'aurais tout ignoré du monde et de moi-même. C'est pour ça que je vous recommande de continuer votre étude de la langue et de la culture française. Et je vous souhaite bon courage et bonne continuation !

動詞の課題

(赤字は 1) 2) の活用語尾，全動詞現在形の特殊語根，その他の活用の特殊形)

1) 第一群規則動詞（-er 動詞）
   aimer
2) 第二群規則動詞（-ir 動詞）
   finir
3) être
4) avoir
5) aller
6) faire
7) -ger で終わる -er 動詞
   manger
8) -cer で終わる –er 動詞
   commencer
9) -yer で終わる –er 動詞
   envoyer
10) -e○er で終わる –er 動詞
    appeler
11) -e○er で終わる –er 動詞
    lever
12) -é○er で終わる –er 動詞
    céder
13) ouvrir
14) rire
15) courir
16) rendre
17) conduire
18) lire
19) plaire
20) écrire
21) dire
22) partir
23) suivre
24) vivre
25) mettre
26) craindre
27) connaître
28) naître
29) croire
30) boire
31) prendre
32) falloir
33) pleuvoir
34) savoir
35) -a
    s'asseoir
35) -b
    asseoir
36) valoir
37) vouloir
38) pouvoir
39) mourir
40) tenir
41) ´venir
42) devoir
43) recevoir
44) voir

不定法 現在分詞 過去分詞	直説法現在				命令法
1) 第一群規則動詞（-er 動詞） **aimer** aim*ant* aim*é*	J' Tu Il Elle	aim*e* aim*es* aim*e*	Nous Vous Ils Elles	aim*ons* aim*ez* aim*ent*	aim*e* aim*ons* aim*ez*
	例 J'aime la musique. Elle aime chanter.				
2) 第二群規則動詞（-ir 動詞） **finir** finiss*ant* fin*i*	Je Tu Il Elle	fini*s* fini*s* fini*t*	Nous Vous Ils Elles	finiss*ons* finiss*ez* finiss*ent*	fini*s* finiss*ons* finiss*ez*
	例 Le cours finit à 5 heures.				
3) **être** ét*ant* été	Je Tu Il Elle	suis es est	Nous Vous Ils Elles	sommes êtes sont	sois soy*ons* soy*ez*
	例 Je suis japonais(e). C'est à moi.				
4) **avoir** ay*ant* eu	J' Tu Il Elle	ai as a	Nous Vous Ils Elles	av*ons* av*ez* ont	aie ay*ons* ay*ez*
	例 J'ai un frère et une sœur. Quel âge avez-vous ? – J'ai 18 ans.				
5) **aller** all*ant* all*é*	Je Tu Il Elle	vais vas va	Nous Vous Ils Elles	allons allez vont	Va (vas) all*ons* all*ez*
	例 Je vais à Paris. Comment allez-vous ? Ça te va ?				
6) **faire** fais*ant* fait	Je Tu Il Elle	fai*s* fai*s* fai*t*	Nous Vous Ils Elles	fais*ons* faites font	fais fais*ons* faites
	例 Je fais du sport. J'aime faire la cuisine.				

直説法半過去	直説法単純未来	条件法現在	接続法現在	同型
J'aim*ais* Tu aim*ais* Il aim*ait* N. aim*ions* V. aim*iez* Ils aim*aient*	J'aime*rai* Tu aime*ras* Il aime*ra* N. aime*rons* V. aime*rez* Ils aime*ront*	J'aime*rais* Tu aime*rais* Il aime*rait* N. aime*rions* V. aime*riez* Ils aime*raient*	Que j'aim*e* Que tu aim*es* Qu'il aim*e* Que n. aim*ions* Que v. aim*iez* Qu'ils aim*ent*	donner chanter penser habiter étudier parler　etc.
Je finiss*ais* Tu finiss*ais* Il finiss*ait* N. finiss*ions* V. finiss*iez* Ils finiss*aient*	Je fini*rai* Tu fini*ras* Il fini*ra* N. fini*rons* V. fini*rez* Ils fini*ront*	Je fini*rais* Tu fini*rais* Il fini*rait* N. fini*rions* V. fini*riez* Ils fini*raient*	Que je finiss*e* Que tu finiss*es* Qu'il finiss*e* Que n. finiss*ions* Que v. finiss*iez* Qu'ils finiss*ent*	choisir obéir agir fleurir réussir grandir　etc.
J'ét*ais* Tu ét*ais* Il ét*ait* N. ét*ions* V. ét*iez* Ils ét*aient*	Je se*rai* Tu se*ras* Il se*ra* N. se*rons* V. se*rez* Ils se*ront*	Je se*rais* Tu se*rais* Il se*rait* N. se*rions* V. se*riez* Ils se*raient*	Que je sois Que tu sois Qu'il soit Que n. soy*ons* Que v. soy*ez* Qu'ils soient	
J'av*ais* Tu av*ais* Il av*ait* N. av*ions* V. av*iez* Ils av*aient*	J'au*rai* Tu au*ras* Il au*ra* N. au*rons* V. au*rez* Ils au*ront*	J'au*rais* Tu au*rais* Il au*rait* N. au*rions* V. au*riez* Ils au*raient*	Que j'ai*e* Que tu ai*es* Qu'il ait Que n. ay*ons* Que v. ay*ez* Qu'ils aient	
J'all*ais* Tu all*ais* Il all*ait* N. all*ions* V. all*iez* Ils all*aient*	J'i*rai* Tu i*ras* Il i*ra* N. i*rons* V. i*rez* Ils i*ront*	J'i*rais* Tu i*rais* Il i*rait* N. i*rions* V. i*riez* Ils i*raient*	Que j'aille Que tu aill*es* Qu'il aille Que n. all*ions* Que v. all*iez* Qu'ils aill*ent*	
Je fais*ais* Tu fais*ais* Il fais*ait* N. fais*ions* V. fais*iez* Ils fais*aient*	Je fe*rai* Tu fe*ras* Il fe*ra* N. fe*rons* V. fe*rez* Ils fe*ront*	Je fe*rais* Tu fe*rais* Il fe*rait* N. fe*rions* V. fe*riez* Ils fe*raient*	Que je fasse Que tu fass*es* Qu'il fasse Que n. fass*ions* Que v. fass*iez* Qu'ils fass*ent*	contrefaire défaire refaire satisfaire etc.

不定法 現在分詞 過去分詞	直説法現在				命令法
7) -ger で終わる -er 動詞 **manger** mangeant mangé	Je Tu Il Elle	mange manges mange	Nous Vous Ils Elles	mangeons mangez mangent	mange mangeons mangez
	例 Je mange du pain (du riz).				
8) -cer で終わる –er 動詞 **commencer** commençant commencé	Je Tu Il Elle	commence commences commence	Nous Vous Ils Elles	commençons commencez commencent	commence commençons commencez
	例 Le concert commence à 8 heures.				
9) -yer で終わる –er 動詞 **envoyer** envoyant envoyé	J' Tu Il Elle	envoie envoies envoie	Nous Vous Ils Elles	envoyons envoyez envoient	envoie envoyons envoyez
	例 Elle envoie une lettre par avion.				
10) -e○er で終わる –er 動詞 **appeler** appelant appelé	J' Tu Il Elle	appelle appelles appelle	Nous Vous Ils Elles	appelons appelez appellent	appelle appelons appelez
	例 Je t'appelle ce soir. / Je m'appelle Paul.				
11) -e○er で終わる –er 動詞 **lever** levant levé	Je Tu Il Elle	lève lèves lève	Nous Vous Ils Elles	levons levez lèvent	lève levons levez
	例 Lève la main ! / Il se lève tôt.				
12) -é○er で終わる –er 動詞 **céder** cédant cédé	Je Tu Il Elle	cède cèdes cède	Nous Vous Ils Elles	cédons cédez cèdent	cède cédons cédez
	例 Elle cède sa place à une vieille dame.				

直説法半過去	直説法単純未来	条件法現在	接続法現在	同型
Je mange*ais*	Je mange*rai*	Je mange*rais*	Que je mang*e*	changer
Tu mange*ais*	Tu mange*ras*	Tu mange*rais*	Que tu mang*es*	bouger
Il mange*ait*	Il mange*ra*	Il mange*rait*	Qu'il mang*e*	nager
N. mang*ions*	N. mange*rons*	N. mange*rions*	Que n. mang*ions*	partager
V. mang*iez*	V. mange*rez*	V. mange*riez*	Que v. mang*iez*	ranger
Ils mange*aient*	Ils mange*ront*	Ils mange*raient*	Qu'ils mang*ent*	voyager etc.
Je commen*ç*ais	Je commence*rai*	Je commence*rais*	Que je commenc*e*	avancer
Tu commen*ç*ais	Tu commence*ras*	Tu commence*rais*	Que tu commenc*es*	coincer
Il commen*ç*ait	Il commence*ra*	Il commence*rait*	Qu'il commenc*e*	dénoncer
N. commenc*ions*	N. commence*rons*	N. commence*rions*	Que n. commenc*ions*	placer
V. commenc*iez*	V. commence*rez*	V. commence*riez*	Que v. commenc*iez*	lancer
Ils commen*ç*aient	Ils commence*ront*	Ils commence*raient*	Qu'ils commenc*ent*	etc.
J'envoy*ais*	J'enver*rai*	J'enver*rais*	Que j'envoi*e*	renvoyer
Tu envoy*ais*	Tu enver*ras*	Tu enver*rais*	Que tu envoi*es*	(essayer)
Il envoy*ait*	Il enver*ra*	Il enver*rait*	Qu'il envoi*e*	(payer)
N. envoy*ions*	N. enver*rons*	N. enver*rions*	Que n. envoy*ions*	(employer)
V. envoy*iez*	V. enver*rez*	V. enver*riez*	Que v. envoy*iez*	（ ）内は類似
Ils envoy*aient*	Ils enver*ront*	Ils enver*raient*	Qu'ils envoi*ent*	
J'appel*ais*	J'appell*erai*	J'appell*erais*	Que j'appell*e*	épeler
Tu appel*ais*	Tu appell*eras*	Tu appell*erais*	Que tu appell*es*	rappeler
Il appel*ait*	Il appell*era*	Il appell*erait*	Qu'il appell*e*	renouveler
N. appel*ions*	N. appell*erons*	N. appell*erions*	Que n. appel*ions*	jeter
V. appel*iez*	V. appell*erez*	V. appell*eriez*	Que v. appel*iez*	
Ils appel*aient*	Ils appell*eront*	Ils appell*eraient*	Qu'ils appell*ent*	etc.
Je lev*ais*	Je l*è*ve*rai*	Je l*è*ve*rais*	Que je l*è*v*e*	acheter
Tu lev*ais*	Tu l*è*ve*ras*	Tu l*è*ve*rais*	Que tu l*è*v*es*	peser
Il lev*ait*	Il l*è*ve*ra*	Il l*è*ve*rait*	Qu'il l*è*v*e*	mener
N. lev*ions*	N. l*è*ve*rons*	N. l*è*ve*rions*	Que n. lev*ions*	amener
V. lev*iez*	V. l*è*ve*rez*	V. l*è*ve*riez*	Que v. lev*iez*	emmener
Ils lev*aient*	Ils l*è*ve*ront*	Ilsi l*è*ve*raient*	Qu'ils l*è*v*ent*	relever etc.
Je céd*ais*	Je céde*rai*	Je céde*rais*	Que je c*è*d*e*	opérer
Tu céd*ais*	Tu céde*ras*	Tu céde*rais*	Que tu c*è*d*es*	préférer
Il céd*ait*	Il céde*ra*	Il céde*rait*	Qu'il c*è*d*e*	régler
N. céd*ions*	N. céde*rons*	N. céde*rions*	Que n. céd*ions*	répéter
V. céd*iez*	V. céde*rez*	V. céde*riez*	Que v. céd*iez*	sécher
Ils céd*aient*	Ils céde*ront*	Ils céde*raient*	Qu'ils c*è*d*ent*	etc.

不定法 現在分詞 過去分詞	直説法現在				命令法
13) **ouvrir** ouvr*ant* ouvert	J' Tu Il Elle	ouvr*e* ouvr*es* ouvr*e*	Nous Vous Ils Elles	ouvr*ons* ouvr*ez* ouvr*ent*	ouvr*e* ouvr*ons* ouvr*ez*
例　J'ouvre la fenêtre.					
14) **rire** ri*ant* ri	Je Tu Il Elle	ri*s* ri*s* ri*t*	Nous Vous Ils Elles	ri*ons* ri*ez* ri*ent*	ri*s* ri*ons* ri*ez*
例　Elle ne rit pas beaucoup.					
15) **courir** cour*ant* couru	Je Tu Il Elle	cour*s* cour*s* cour*t*	Nous Vous Ils Elles	cour*ons* cour*ez* cour*ent*	cour*s* cour*ons* cour*ez*
例　Elle court le plus vite de la classe.					
16) **rendre** rend*ant* rendu	Je Tu Il Elle	rend*s* rend*s* rend	Nous Vous Ils Elles	rend*ons* rend*ez* rend*ent*	rend*s* rend*ons* rend*ez*
例　Je rends le CD à Paul.　関連単語　rendez-vous					
17) **conduire** conduis*ant* conduit	Je Tu Il Elle	condui*s* condui*s* condui*t*	Nous Vous Ils Elles	conduis*ons* conduis*ez* conduis*ent*	condui*s* conduis*ons* conduis*ez*
例　Il conduit une voiture.					
18) **lire** lis*ant* lu	Je Tu Il Elle	li*s* li*s* li*t*	Nous Vous Ils Elles	lis*ons* lis*ez* lis*ent*	li*s* lis*ons* lis*ez*
例　Je lis une lettre (un livre, un journal).					

直説法半過去	直説法単純未来	条件法現在	接続法現在	同型
J'ouvr*ais* Tu ouvr*ais* Il ouvr*ait* N. ouvr*ions* V. ouvr*iez* Ils ouvr*aient*	J'ouvri*rai* Tu ouvri*ras* Il ouvri*ra* N. ouvri*rons* V. ouvri*rez* Ils ouvri*ront*	J'ouvri*rais* Tu ouvri*rais* Il ouvri*rait* N. ouvri*rions* V. ouvri*riez* Ils ouvri*raient*	Que j'ouvr*e* Que tu ouvr*es* Qu'il ouvr*e* Que n. ouvr*ions* Que v. ouvr*iez* Qu'ils ouvr*ent*	couvrir découvrir offrir souffrir etc.
Je ri*ais* Tu ri*ais* Il ri*ait* N. ri*ions* V. ri*iez* Ils ri*aient*	Je ri*rai* Tu ri*ras* Il ri*ra* N. ri*rons* V. ri*rez* Ils ri*ront*	Je ri*rais* Tu ri*rais* Il ri*rait* N. ri*rions* V. ri*riez* Ils ri*raient*	Que je rie Que tu ri*es* Qu'il rie Que n. ri*ions* Que v. ri*iez* Qu'ils ri*ent*	sourire
Je cour*ais* Tu cour*ais* Il cour*ait* N. cour*ions* V. cour*iez* Ils cour*aient*	Je cour*rai* Tu cour*ras* Il cour*ra* N. cour*rons* V. cour*rez* Ils cour*ront*	Je cour*rais* Tu cour*rais* Il cour*rait* N. cour*rions* V. cour*riez* Ils cour*raient*	Que je cour*e* Que tu cour*es* Qu'il cour*e* Que n. cour*ions* Que v. cour*iez* Qu'ils cour*ent*	accourir concourir parcourir recourir secourir etc.
Je rend*ais* Tu rend*ais* Il rend*ait* N. rend*ions* V. rend*iez* Ils rend*aient*	Je rend*rai* Tu rend*ras* Il rend*ra* N. rend*rons* V. rend*rez* Ils rend*ront*	Je rend*rais* Tu rend*rais* Il rend*rait* N. rend*rions* V. rend*riez* Ils rend*raient*	Que je rend*e* Que tu rend*es* Qu'il rend*e* Que n. rend*ions* Que v. rend*iez* Qu'ils rend*ent*	attendre descendre entendre perdre vendre etc.
Je conduis*ais* Tu conduis*ais* Il conduis*ait* N. conduis*ions* V. conduis*iez* Ils conduis*aient*	Je condui*rai* Tu condui*ras* Il condui*ra* N. condui*rons* V. condui*rez* Ils condui*ront*	Je condui*rais* Tu condui*rais* Il condui*rait* N. condui*rions* V. condui*riez* Ils condui*raient*	Que je conduis*e* Que tu conduis*es* Qu'il conduis*e* Que n. conduis*ions* Que v. conduis*iez* Qu'ils conduis*ent*	construire cuire déduire introduire produire traduire etc.
Je lis*ais* Tu lis*ais* Il lis*ait* N. lis*ions* V. lis*iez* Ils lis*aient*	Je li*rai* Tu li*ras* Il li*ra* N. li*rons* V. li*rez* Ils li*ront*	Je li*rais* Tu li*rais* Il li*rait* N. li*rions* V. li*riez* Ils li*raient*	Que je lis*e* Que tu lis*es* Qu'il lis*e* Que n. lis*ions* Que v. lis*iez* Qu'ils lis*ent*	élire relire etc.

不定法 現在分詞 過去分詞	直説法現在		命令法
19) **plaire** plais*ant* plu	Je plai*s* Tu plai*s* Il Elle plaî*t*	Nous plais*ons* Vous plais*ez* Ils Elles plais*ent*	plai*s* plais*ons* plais*ez*
例 Paris te plaît ? / Ça me plaît beaucoup.			
20) **écrire** écriv*ant* écrit	J' écri*s* Tu écri*s* Il Elle écri*t*	Nous écriv*ons* Vous écriv*ez* Ils Elles écriv*ent*	écri*s* écriv*ons* écriv*ez*
例 J'écris une lettre.			
21) **dire** dis*ant* dit	Je di*s* Tu di*s* Il Elle di*t*	Nous dis*ons* Vous dit*es* Ils Elles dis*ent*	di*s* dis*ons* dit*es*
例 Il dit son avis. / Ça veut dire quoi ?			
22) **partir** part*ant* parti	Je par*s* Tu par*s* Il Elle par*t*	Nous part*ons* Vous part*ez* Ils Elles part*ent*	par*s* part*ons* part*ez*
例 Quand partez-vous ?			
23) **suivre** suiv*ant* suivi	Je sui*s* Tu sui*s* Il Elle sui*t*	Nous suiv*ons* Vous suiv*ez* Ils Elles suiv*ent*	sui*s* suiv*ons* suiv*ez*
例 Suivez la rue tout droit.			
24) **vivre** viv*ant* vécu	Je vi*s* Tu vi*s* Il Elle vi*t*	Nous viv*ons* Vous viv*ez* Ils Elles viv*ent*	vi*s* viv*ons* viv*ez*
例 Elle vit seule en ville. 関連単語 vie			

直説法半過去	直説法単純未来	条件法現在	接続法現在	同型
Je plais*ais* Tu plais*ais* Il plais*ait* N. plais*ions* V. plais*iez* Ils plais*aient*	Je plai*rai* Tu plai*ras* Il plai*ra* N. plai*rons* V. plai*rez* Ils plai*ront*	Je plai*rais* Tu plai*rais* Il plai*rait* N. plai*rions* V. plai*riez* Ils plai*raient*	Que je plais*e* Que tu plais*es* Qu'il plais*e* Que n. plais*ions* Que v. plais*iez* Qu'ils plais*ent*	déplaire (se taire) etc. （ ）内は類似
J'écriv*ais* Tu écriv*ais* Il écriv*ait* N. écriv*ions* V. écriv*iez* Ils écriv*aient*	J'écri*rai* Tu écri*ras* Il écri*ra* N. écri*rons* V. écri*rez* Ils écri*ront*	J'écri*rais* Tu écri*rais* Il écri*rait* N. écri*rions* V. écri*riez* Ils écri*raient*	Que j'écriv*e* Que tu écriv*es* Qu'il écriv*e* Que n. écriv*ions* Que v. écriv*iez* Qu'ils écriv*ent*	circonscrire décrire inscrire prescrire transcrire souscrire　etc.
Je dis*ais* Tu dis*ais* Il dis*ait* N. dis*ions* V. dis*iez* Ils dis*aient*	Je di*rai* Tu di*ras* Il di*ra* N. di*rons* V. di*rez* Ils di*ront*	Je di*rais* Tu di*rais* Il di*rait* N. di*rions* V. di*riez* Ils di*raient*	Que je dis*e* Que tu dis*es* Qu'il dis*e* Que n. dis*ions* Que v. dis*iez* Qu'ils dis*ent*	redire (contredire) (interdire) (médire) (prédire)　etc. （ ）内は類似
Je part*ais* Tu part*ais* Il part*ait* N. part*ions* V. part*iez* Ils part*aient*	Je parti*rai* Tu parti*ras* Il parti*ra* N. parti*rons* V. parti*rez* Ils parti*ront*	Je parti*rais* Tu parti*rais* Il parti*rait* N. parti*rions* V. parti*riez* Ils parti*raient*	Que je part*e* Que tu part*es* Qu'il part*e* Que n. part*ions* Que v. part*iez* Qu'ils part*ent*	dormir sentir servir sortir etc.
Je suiv*ais* Tu suiv*ais* Il suiv*ait* N. suiv*ions* V. suiv*iez* Ils suiv*aient*	Je suiv*rai* Tu suiv*ras* Il suiv*ra* N. suiv*rons* V. suiv*rez* Ils suiv*ront*	Je suiv*rais* Tu suiv*rais* Il suiv*rait* N. suiv*rions* V. suiv*riez* Ils suiv*raient*	Que je suiv*e* Que tu suiv*es* Qu'il suiv*e* Que n. suiv*ions* Que v. suiv*iez* Qu'ils suiv*ent*	poursuivre etc.
Je viv*ais* Tu viv*ais* Il viv*ait* N. viv*ions* V. viv*iez* Ils viv*aient*	Je viv*rai* Tu viv*ras* Il viv*ra* N. viv*rons* V. viv*rez* Ils viv*ront*	Je viv*rais* Tu viv*rais* Il viv*rait* N. viv*rions* V. viv*riez* Ils viv*raient*	Que je viv*e* Que tu viv*es* Qu'il viv*e* Que n. viv*ions* Que v. viv*iez* Qu'ils viv*ent*	revivre survivre etc.

不定法 現在分詞 過去分詞	直説法現在				命令法
25) **mettre** mett*ant* mis	Je Tu Il Elle	met*s* met*s* met	Nous Vous Ils Elles	mett*ons* mett*ez* mett*ent*	met*s* mett*ons* mett*ez*
	例　Je mets du sucre dans le café. / Elle se met à côté de moi.				
26) **craindre** craign*ant* craint	Je Tu Il Elle	crain*s* crain*s* crain*t*	Nous Vous Ils Elles	craign*ons* craign*ez* craign*ent*	crain*s* craign*ons* craign*ez*
	例　Il n'y a rien à craindre. / Je ne crains pas l'avion.				
27) **connaître** connaiss*ant* connu	Je Tu Il Elle	connai*s* connai*s* connaî*t*	Nous Vous Ils Elles	conaiss*ons* connaiss*ez* connaiss*ent*	connai*s* conaiss*ons* connaiss*ez*
	例　Je connais Monsieur Durand.				
28) **naître** naiss*ant* né	Je Tu Il Elle	nai*s* nai*s* naî*t*	Nous Vous Ils Elles	naiss*ons* naiss*ez* naiss*ent*	nai*s* naiss*ons* naiss*ez*
	関連単語　naissance				
29) **croire** croy*ant* cru	Je Tu Il Elle	croi*s* croi*s* croi*t*	Nous Vous Ils Elles	croy*ons* croy*ez* croi*ent*	croi*s* croy*ons* croy*ez*
	例　Je crois qu'il est vrai.				
30) **boire** buv*ant* bu	Je Tu Il Elle	boi*s* boi*s* boi*t*	Nous Vous Ils Elles	buv*ons* buv*ez* boiv*ent*	boi*s* buv*ons* buv*ez*
	例　Vous buvez du bon vin blanc.				

直説法半過去	直説法単純未来	条件法現在	接続法現在	同型
Je mett*ais* Tu mett*ais* Il mett*ait* N. mett*ions* V. mett*iez* Ils mett*aient*	Je mett*rai* Tu mett*ras* Il mett*ra* N. mett*rons* V. mett*rez* Ils mett*ront*	Je mett*rais* Tu mett*rais* Il mett*rait* N. mett*rions* V. mett*riez* Ils mett*raient*	Que je mett*e* Que tu mett*es* Qu'il mett*e* Que n. mett*ions* Que v. mett*iez* Qu'ils mett*ent*	admettre commettre permettre promettre remettre etc.
Je craign*ais* Tu craign*ais* Il craign*ait* N. craign*ions* V. craign*iez* Ils craign*aient*	Je craind*rai* Tu craind*ras* Il craind*ra* N. craind*rons* V. craind*rez* Ils craind*ront*	Je craind*rais* Tu craind*rais* Il craind*rait* N. craind*rions* V. craind*riez* Ils craind*raient*	Que je craign*e* Que tu craign*es* Qu'il craign*e* Que n. craign*ions* Que v. craign*iez* Qu'ils craign*ent*	atteindre éteindre feindre joindre plaindre etc.
Je connaiss*ais* Tu connaiss*ais* Il connaiss*ait* N. connaiss*ions* V. connaiss*iez* Ils connaiss*aient*	Je connaît*rai* Tu connaît*ras* Il connaît*ra* N. connaît*rons* V. connaît*rez* Ils connaît*ront*	Je connaît*rais* Tu connaît*rais* Il connaît*rait* N. connaît*rions* V. connaît*riez* Ils connaît*raient*	Que je connaiss*e* Que tu connaiss*es* Qu'il connaiss*e* Que n. connaiss*ions* Que v. connaiss*iez* Qu'ils connaiss*ent*	accroître apparaître disparaître paraître reconnaître etc.
Je naiss*ais* Tu naiss*ais* Il naiss*ait* N. naiss*ions* V. naiss*iez* Ils naiss*aient*	Je naît*rai* Tu naît*ras* Il naît*ra* N. naît*rons* V. naît*rez* Ils naît*ront*	Je naît*rais* Tu naît*rais* Il naît*rait* N. naît*rions* V. naît*riez* Ils naît*raient*	Que je naiss*e* Que tu naiss*es* Qu'il naiss*e* Que n. naiss*ions* Que v. naiss*iez* Qu'ils naiss*ent*	renaître
Je croy*ais* Tu croy*ais* Il croy*ait* N. croy*ions* V. croy*iez* Ils croy*aient*	Je croi*rai* Tu croi*ras* Il croi*ra* N. croi*rons* V. croi*rez* Ils croi*ront*	Je croi*rais* Tu croi*rais* Il croi*rait* N. croi*rions* V. croi*riez* Ils croi*raient*	Que je croi*e* Que tu croi*es* Qu'il croi*e* Que n. croy*ions* Que v. croy*iez* Qu'ils croi*ent*	
Je buv*ais* Tu buv*ais* Il buv*ait* N. buv*ions* V. buv*iez* Ils buv*aient*	Je boi*rai* Tu boi*ras* Il boi*ra* N. boi*rons* V. boi*rez* Ils boi*ront*	Je boi*rais* Tu boi*rais* Il boi*rait* N. boi*rions* V. boi*riez* Ils boi*raient*	Que je boiv*e* Que tu boiv*es* Qu'il boiv*e* Que n. buv*ions* Que v. buv*iez* Qu'ils boiv*ent*	

不定法 現在分詞 過去分詞	直説法現在		命令法
31) **prendre** pren*ant* pris	Je prend*s* Tu prend*s* Il Elle prend	Nous pren*ons* Vous pren*ez* Ils Elles prenn*ent*	prend*s* pren*ons* pren*ez*
	例　Je prends du pain (du riz, des pâtes, des céréales, du café).		
32) **falloir** 現在分詞なし fallu	Il fau*t*		命令法なし
	例　Il faut prendre le petit déjeuner.		
33) **pleuvoir** pleuv*ant* plu	Il pleu*t*		命令法なし
	例　Il fait mauvais. Il pleut.		
34) **savoir** sach*ant* su	Je sai*s* Tu sai*s* Il Elle sai*t*	Nous sav*ons* Vous sav*ez* Ils Elles sav*ent*	sach*e* sach*ons* sach*ez*
	例　Je sais nager.		
35) -a **s'asseoir** s'assey*ant* assis	Je m'assied*s* Tu t'assied*s* Il Elle s'assied	Nous nous assey*ons* Vous vous assey*ez* Ils Elles s'assey*ent*	assied*s*-toi assey*ons*-nous assey*ez*-vous
	例　Il s'assied sur une chaise (dans un fauteuil).		
35) -b **asseoir** assoy*ant* assis	J' assoi*s* Tu assoi*s* Il Elle assoi*t*	Nous assoy*ons* Vous assoy*ez* Ils Elles assoi*ent*	assoi*s* assoy*ons* assoy*ez*
	例　J'assois mon fils dans un fauteuil.		

直説法半過去	直説法単純未来	条件法現在	接続法現在	同型
Je pren*ais* Tu pren*ais* Il pren*ait* N. pren*ions* V. pren*iez* Ils pren*aient*	Je prend*rai* Tu prend*ras* Il prend*ra* N. prend*rons* V. prend*rez* Ils prend*ront*	Je prend*rais* Tu prend*rais* Il prend*rait* N. prend*rions* V. prend*riez* Ils prend*raient*	Que je prenn*e* Que tu prenn*es* Qu'il prenn*e* Que n. pren*ions* Que v. pren*iez* Qu'ils prenn*ent*	apprendre comprendre reprendre etc.
Il fall*ait*	Il faud*ra*	Il faud*rait*	Qu'il faill*e*	
Il pleuv*ait*	Il pleuv*ra*	Il pleuv*rait*	Qu'il pleuv*e*	
Je sav*ais* Tu sav*ais* Il sav*ait* N. sav*ions* V. sav*iez* Ils sav*aient*	Je sau*rai* Tu sau*ras* Il sau*ra* N. sau*rons* V. sau*rez* Ils sau*ront*	Je sau*rais* Tu sau*rais* Il sau*rait* N. sau*rions* V. sau*riez* Ils sau*raient*	Que je sach*e* Que tu sach*es* Qu'il sach*e* Que n. sach*ions* Que v. sach*iez* Qu'ils sach*ent*	
Je m'assey*ais* Tu t'assey*ais* Il s'assey*ait* N. n. assey*ions* V. v. assey*iez* Ils s'assey*aient*	Je m'assié*rai* Tu t'assié*ras* Il s'assié*ra* N. n. assié*rons* V. v. assié*rez* Ils s'assié*ront*	Je m'assié*rais* Tu t'assié*rais* Il s'assié*rait* N. n. assié*rions* V. v. assié*riez* Ils s'assié*raient*	Que je m'assey*e* Que tu t'assey*es* Qu'il s'assey*e* Que n. n. assey*ions* Que v. v. assey*iez* Qu'ils s'assey*ent*	rasseoir
J'assoy*ais* Tu assoy*ais* Il assoy*ait* N. assoy*ions* V. assoy*iez* Ils assoy*aient*	J'assoi*rai* Tu assoi*ras* Il assoi*ra* N. assoi*rons* V. assoi*rez* Ils assoi*ront*	J'assoi*rais* Tu assoi*rais* Il assoi*rait* N. assoi*rions* V. assoi*riez* Ils assoi*raient*	Que j'assoi*e* Que tu assoi*es* Qu'il assoi*e* Que n. assoy*ions* Que v. assoy*iez* Qu'ils assoi*ent*	surseoir

不定法 現在分詞 過去分詞	直説法現在	命令法
36) **valoir** val*ant* val*u*	Je vau*x* Nous val*ons* Tu vau*x* Vous val*ez* Il Elle vau*t* Ils Elles val*ent*	vau*x* val*ons* val*ez*
例 Ça vaut la peine.		
37) **vouloir** voul*ant* voul*u*	Je veu*x* Nous voul*ons* Tu veu*x* Vous voul*ez* Il Elle veu*t* Ils Elles veul*ent*	veuill*e* (veu*x*) veuill*ons* (voul*ons*) veuill*ez* (voul*ez*)
例 Voulez-vous du vin ?		
38) **pouvoir** pouv*ant* p*u*	Je peu*x* (puis) Nous pouv*ons* Tu peu*x* Vous pouv*ez* Il Elle peu*t* Ils Elles peuv*ent*	命令法なし
例 Je peux vous aider, Madame ?		
39) **mourir** mour*ant* mor*t*	Je meur*s* Nous mour*ons* Tu meur*s* Vous mour*ez* Il Elle meur*t* Ils Elles meur*ent*	meur*s* mour*ons* mour*ez*
例 Je vais mourir de faim !		
40) **tenir** ten*ant* ten*u*	Je tien*s* Nous ten*ons* Tu tien*s* Vous ten*ez* Il Elle tien*t* Ils Elles tienn*ent*	tien*s* ten*ons* ten*ez*
例 Elle tient son enfant par la main.		
41)´ **venir** ven*ant* ven*u*	Je vien*s* Nous ven*ons* Tu vien*s* Vous ven*ez* Il Elle vien*t* Ils Elles vienn*ent*	vien*s* ven*ons* ven*ez*
例 Nous venons de Dijon.		

直説法半過去	直説法単純未来	条件法現在	接続法現在	同型
Je val*ais* Tu val*ais* Il val*ait* N. val*ions* V. val*iez* Ils val*aient*	Je vaud*rai* Tu vaud*ras* Il vaud*ra* N. vaud*rons* V. vaud*rez* Ils vaud*ront*	Je vaud*rais* Tu vaud*rais* Il vaud*rait* N. vaud*rions* V. vaud*riez* Ils vaud*raient*	Que je vaill*e* Que tu vaill*es* Qu'il vaill*e* Que n. val*ions* Que v. val*iez* Qu'ils vaill*ent*	équivaloir etc.
Je voul*ais* Tu voul*ais* Il voul*ait* N. voul*ions* V. voul*iez* Ils voul*aient*	Je voud*rai* Tu voud*ras* Il voud*ra* N. voud*rons* V. voud*rez* Ils voud*ront*	Je voud*rais* Tu voud*rais* Il voud*rait* N. voud*rions* V. voud*riez* Ils voud*raient*	Que je veuill*e* Que tu veuill*es* Qu'il veuill*e* Que n. voul*ions* Que v. voul*iez* Qu'ils veuill*ent*	
Je pouv*ais* Tu pouv*ais* Il pouv*ait* N. pouv*ions* V. pouv*iez* Ils pouv*aient*	Je pour*rai* Tu pour*ras* Il pour*ra* N. pour*rons* V. pour*rez* Ils pour*ront*	Je pour*rais* Tu pour*rais* Il pour*rait* N. pour*rions* V. pour*riez* Ils pour*raient*	Que je puiss*e* Que tu puiss*es* Qu'il puiss*e* Que n. puiss*ions* Que v. puiss*iez* Qu'ils puiss*ent*	
Je mour*ais* Tu mour*ais* Il mour*ait* N. mour*ions* V. mour*iez* Ils mour*aient*	Je mour*rai* Tu mour*ras* Il mour*ra* N. mour*rons* V. mour*rez* Ils mour*ront*	Je mour*rais* Tu mour*rais* Il mour*rait* N. mour*rions* V. mour*riez* Ils mour*raient*	Que je meur*e* Que tu meur*es* Qu'il meur*e* Que n. mour*ions* Que v. mour*iez* Qu'ils meur*ent*	
Je ten*ais* Tu ten*ais* Il ten*ait* N. ten*ions* V. ten*iez* Ils ten*aient*	Je tiend*rai* Tu tiend*ras* Il tiend*ra* N. tiend*rons* V. tiend*rez* Ils tiend*ront*	Je tiend*rais* Tu tiend*rais* Il tiend*rait* N. tiend*rions* V. tiend*riez* Ils tiend*raient*	Que je tienn*e* Que tu tienn*es* Qu'il tienn*e* Que n. ten*ions* Que v. ten*iez* Qu'ils tienn*ent*	détenir entretenir retenir soutenir etc.
Je ven*ais* Tu ven*ais* Il ven*ait* N. ven*ions* V. ven*iez* Ils ven*aient*	Je viend*rai* Tu viend*ras* Il viend*ra* N. viend*rons* V. viend*rez* Ils viend*ront*	Je viend*rais* Tu viend*rais* Il viend*rait* N. viend*rions* V. viend*riez* Ils viend*raient*	Que je vienn*e* Que tu vienn*es* Qu'il vienn*e* Que n. ven*ions* Que v. ven*iez* Qu'ils vienn*ent*	convenir devenir prévenir revenir se souvenir etc.

不定法 現在分詞 過去分詞	直説法現在				命令法
42) **devoir** dev*ant* dû (dus, due, dues)	Je Tu Il Elle	dois dois doit	Nous Vous Ils Elles	dev*ons* dev*ez* doiv*ent*	dois dev*ons* dev*ez*
例　Tu dois faire tes devoirs.					
43) **recevoir** recev*ant* reçu	Je Tu Il Elle	reçois reçois reçoit	Nous Vous Ils Elles	recev*ons* recev*ez* reçoiv*ent*	reçois recev*ons* recev*ez*
例　Je reçois sa lettre.					
44) **voir** voy*ant* vu	Je Tu Il Elle	vois vois voit	Nous Vous Ils Elles	voy*ons* voy*ez* voi*ent*	vois voy*ons* voy*ez*
例　Je vois la mer. / Vous voyez ?　− Oui, je vois.					

直説法半過去	直説法単純未来	条件法現在	接続法現在	同型
Je devais	Je devrai	Je devrais	Que je doive	
Tu devais	Tu devras	Tu devrais	Que tu doives	
Il devait	Il devra	Il devrait	Qu'il doive	
N. devions	N. devrons	N. devrions	Que n. devions	
V. deviez	V. devrez	V. devriez	Que v. deviez	
Ils devaient	Ils devront	Ils devraient	Qu'ils doivent	
Je recevais	Je recevrai	Je recevrais	Que je reçoive	apercevoir
Tu recevais	Tu recevras	Tu recevrais	Que tu reçoives	concevoir
Il recevait	Il recevra	Il recevrait	Qu'il reçoive	décevoir
N. recevions	N. recevrons	N. recevrions	Que n. recevions	percevoir
V. receviez	V. recevrez	V. recevriez	Que v. receviez	
Ils recevaient	Ils recevront	Ils recevraient	Qu'ils reçoivent	etc.
Je voyais	Je verrai	Je verrais	Que je voie	entrevoir
Tu voyais	Tu verras	Tu verrais	Que tu voies	revoir
Il voyait	Il verra	Il verrait	Qu'il voie	prévoir
N. voyions	N. verrons	N. verrions	Que n. voyions	(pourvoir)
V. voyiez	V. verrez	V. verriez	Que v. voyiez	（ ）内は類似
Ils voyaient	Ils verront	Ils verraient	Qu'ils voient	etc.

ラケット
― フランス語基本文法と表現 ―
（CD付）

惟村宣明著

2017. 1. 20　初版印刷
2017. 2. 1　初版発行

発行者　井　田　洋　二

発行所　〒101-0062　東京都千代田区神田駿河台3の7
　　　　電話 03 (3291) 1676　FAX 03 (3291) 1675
　　　　振替 00190-3-56669
　　　　株式会社　駿河台出版社

製版　ユーピー工芸／印刷・製本　三友印刷

http://www.e-surugadai.com

ISBN 978-4-411-01126-8 C1085